Dr. Jörg B. Theilacker

Gedächtnistraining für jedes Alter

Den Verstand spielerisch mit Denkspielen und Knobeleien schärfen
Drei Trainingsphasen zur Steigerung der Auffassungsgabe

Südwest

Inhalt

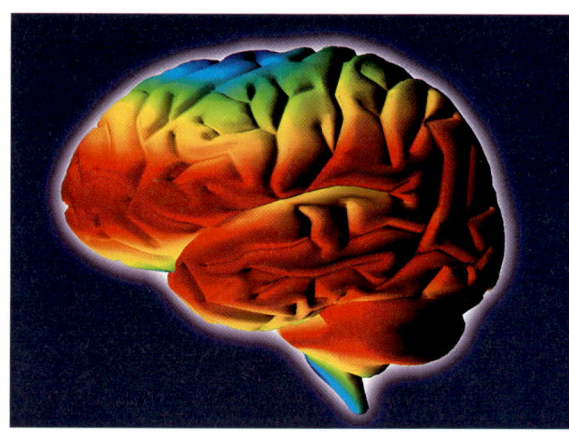

*Das Gehirn des
Menschen*

*Der Philosoph
Aristoteles*

*Kinder
lernen spielend
leicht*

Denkspiele und Rätsel   6 6

*Es soll Ihnen
ein Licht
aufgehen*

Lösungen   7 8

*Haben Sie's
gewußt?*

Wie Sie sich selbst helfen können   8 7

*Auch Lesen
trainiert
das Gehirn*

Vergeßlich, aber glücklich   9 3

*Querschnitt
des menschlichen
Schädels*

Vorwort

Vergessen und Erinnern

Jeder kennt die Situation: Sie stehen in der Telefonzelle und haben die Telefonnummer vergessen. Oder der Geldautomat weigert sich, Ihnen ohne die richtige Geheimzahl Geld zu geben.

»Verflixt noch mal, wie hieß der Dings doch wieder?« Schon wieder einen Namen vergessen! »Wann war doch wieder der Geburtstag von deiner Mutter?«

Gegen das Vergessen ist ein Kraut gewachsen: Regelmäßiges Training hält Ihr Gehirn fit!

Was dieses Buch für Sie tun kann

Dieses Buch bietet Ihnen Informationen über unser Gedächtnis, wie es aufgebaut ist und funktioniert, warum wir manches so schnell wieder vergessen. Der Ratgeber gibt Ihnen auch Tips, wie Sie Ihr Gedächtnis trainieren können und wie Sie schneller lernen. Und zum Schluß gibt's noch vergnügliche Spiele und Rätsel.

Was dieses Buch nicht für Sie tun kann

Dieses Buch kann Ihnen nur Anregungen, Vorschläge und Tips geben. Es kann nicht Ihr Gedächtnis ersetzen. Es kann Sie nicht an wichtige Verabredungen erinnern oder Ihnen den Namen Ihres Gesprächspartners zuflüstern.

Aber der Ratgeber kann Ihnen bewußt machen, welch große Gedächtniskapazität in Ihnen verborgen liegt, wie wenig davon im Alltag gebraucht wird und wie einfach Sie Ihre Gedächtnisressourcen besser aktivieren. Entdecken Sie Ihre ungenutzten Fähigkeiten!

Eine Reise durch das Gedächtnis

Der erste Teil berichtet von der Erforschung des Gedächtnisses, erklärt, wie das Gedächtnis funktioniert und zeigt Ihnen die Gedächtnisstufen: Ultrakurz-, Kurz- und Langzeitgedächtnis. Im zweiten Teil können Sie testen, ob Sie eher ein visueller, ein verbaler oder ein motorischer Gedächtnistyp sind. Sie erfahren, woraus die richtige »Gehirnnahrung« besteht, und lesen etwas über die Probleme der Abmagerungsdiäten. Ein umfangreiches Programm zum Gedächtnistraining erwartet Sie im dritten und vierten Teil, aber auch viel Unterhaltsames und Vergnügliches. Warum es durchaus auch gesund sein kann, Dinge zu vergessen, darum geht es am Schluß.

Erfahren Sie in diesem Buch, wie Ihr Gehirn funktioniert, welche Nahrung es braucht und wie Sie ihm täglich auf die Sprünge helfen können.

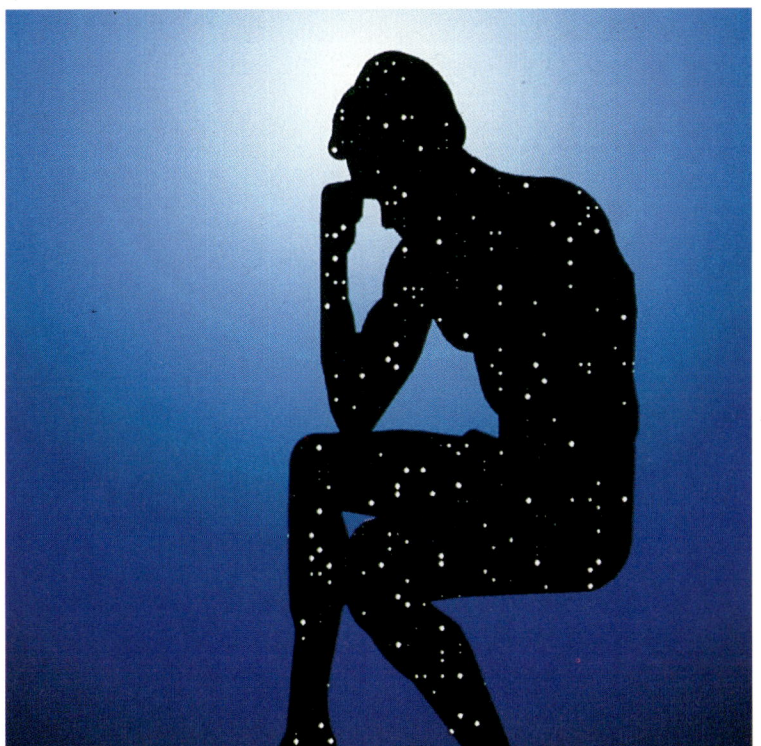

»Ich denke, also bin ich!« Im Laufe seines Lebens nimmt der Mensch eine Unmenge von Informationen auf, die er speichert, verarbeitet oder wieder vergißt.

Der Philosoph Aristoteles: Er beschäftigte sich intensiv mit dem Gedächtnis.

Schon den alten Griechen war klar: Je rascher und intensiver sich der Mensch verändert, desto mehr vergißt er.

Was ist Erinnerung?

Die lange Erforschung des Gedächtnisses

Der Sitz des Gedächtnisses war lange Zeit unbekannt: Der griechische Philosoph Aristoteles (384–322 v. Chr.) siedelte das Denken im Kopf an, das Gedächtnis jedoch im Herzen. Dabei war Aristoteles überzeugt, daß nicht allen Menschen die Fähigkeit, sich gut zu erinnern, gegeben sei. Menschen in rascher Veränderung, also besonders junge und alte Menschen, besäßen wenig oder kein Gedächtnis: »Die ersten sind in einem Zustand des Werdens, letztere in einem Zustand des Vergehens. (…) Gedächtnis ist wie ein Siegel, das man fließendem Wasser aufdrückt.«

Kein großer Fortschritt

So ganz falsch lag Aristoteles damit nicht. Unsere moderne Zeit versteht sich zwar gut auf Speicherung des Wissens, aber mit dem Gedächtnis steht es nicht zum besten. Gedächtnis basiert auf Stehenbleiben und Erinnern. Wenn Sie andauernd auf der Jagd nach dem nächsten Termin sind, werden Sie kaum Zeit zum Erinnern finden.

Erinnern mit Assoziationen

Aristoteles formulierte Thesen über das Funktionieren des Gedächtnisses. Er fand vier Methoden gegen das Vergessen, mit denen wir uns Ereignisse und Dinge unter Zuhilfenahme von Ähnlichkeitsbeziehungen leichter merken können:

- Nähe von Dingen: Quelle und Bach, Küste und Meer
- Gleichzeitigkeit von Ereignissen: Blitz und Donner, Ruf und Echo
- Ähnlichkeit: Kamel und Dromedar, Eltern und Kind
- Gegensätze: Mann und Frau, Stadt und Land, groß und klein.

Grundprinzip: Gedächtnisassoziationen

Aristoteles fand eines der zentralen Muster des Gedächtnisses: die Nachbarschaft von Erfahrungen und Vorstellungen. Wir können uns ein Faktum besonders gut merken, wenn wir es mit einer anderen Vorstellung verbinden, also etwas anderes damit assoziieren können.

Ein weiterer Grundsatz aus dem klassischen Griechenland, der noch heute gültig ist: Gedächtnis funktioniert per Assoziation. Wir können uns das am besten merken, was wir mit bereits Bekanntem in Verbindung bringen können.

Das Wissen der Chinesen

Das Gedächtnis im Herzen? Vermutlich ohne es zu wissen, wiederholte Aristoteles damit eine jahrtausendealte Konzeption aus dem Reich der Mitte: Das chinesische Zeichen für »Herz« ist dasselbe wie für »Gedächtnis« und »Sich Erinnern«. Diese Meinung hielt sich über lange Zeit. Erst in den letzten Jahrhunderten wurden Herz und Gehirn weiter erforscht.

Die empirische Forschung

Über Jahrhunderte hinweg verglichen die Menschen das Gedächtnis immer wieder mit der modernsten Erfindung ihrer Zeit: Im 17. Jahrhundert waren es Linsen und Spiegel, mit denen Gedanken gebündelt und gespiegelt werden. Im industriellen Zeitalter des 19. Jahrhunderts verglich man die Erinnerung mit einer Dampfmaschine voll unterdrückter »verbotener« Gedanken. Später dann mit einer Telefonzentrale und schließlich mit einem Computer.

Zählen, Messen und Erfassen

Erst die empirische Forschung mit ihrer Lust am Zählen, Messen und Erfassen kam einen Schritt weiter. Hermann Ebbinghaus (1850–1909) stellte sich folgende Fragen:

- Wieviel Informationen kann sich der Mensch merken?
- Wie schnell kann er lernen?
- Wie lange behält er das Gelernte?

Hermann Ebbinghaus kam in der zweiten Hälfte des 19. Jahrhunderts dahinter, wie man am besten lernt und wie man am leichtesten vergißt.

Hierzu testete Ebbinghaus in genau beschriebenen Situationen (Tageszeit, körperliche Verfassung), wie viele Nonsenssilben er sich merken konnte: kil, lum, sul, al, ef, arg. Ebbinghaus zählte,

- wie oft er die Silbenreihen wiederholen mußte, bis er sie beherrschte,
- er zählte, um welche Tageszeit er sie am besten vorsagen konnte,
- er maß sowohl die Länge der Silbenreihen als auch die Zeit zwischen dem Lernen und der Wiedergabe und
- er notierte seine Forschungsergebnisse in langen Reihen.

Die Hauptergebnisse von Hermann Ebbinghaus

- Erinnerungen werden von neu Gelerntem überlagert und verdeckt (Interferenztheorie).
- Erinnerungen sind nicht stabil, sondern sie verändern sich im Laufe der Zeit im Gedächtnis (»Spurenschwund«).
- Erinnerungen »zerbröckeln« und verschwinden: Wir vergessen.

Mit seinen Forschungen wurde Ebbinghaus zum Begründer der Gedächtnispsychologie, einem Teilgebiet der experimentellen Psychologie. Seine Ansätze werden heute im Rahmen der Kognitionspsychologie – der Wissenschaft von den Bedingungen von Erkenntnis – weitergeführt.

Die Psychologie Freuds

Der Wiener Psychoanalytiker Sigmund Freud (1856–1939) interessierte sich sehr für die Frage, was die Menschen wann und warum vergessen. Nach Freuds Theorie besitzen Menschen einen bewußten und einen unbewußten Teil, wobei das Unbewußte stark auf die bewußten Handlungen einwirkt. Wann bestimmte Inhalte nun vergessen werden, das unterliegt nach Freud den psychologischen Regeln des Unbewußten: Wir verdrängen die Information. Versprecher, sprachliche Ausrutscher ebenso wie vergessene Termine oder verlegte Gegenstände spiegeln in Freuds »Psychopathologie des Alltagslebens« die Qualität der Beziehung zwischen den beteiligten Personen wider.

Bitte bedenken Sie: Nicht jede Vergeßlichkeit basiert auf einer psychologischen Verdrängung. Manchmal sind ganz andere, einfache Ursachen dafür verantwortlich. So wichtig die Erkenntnisse Freuds für die Verdrängung unangenehmer Informationen sind, so wenig hilfreich sind sie, wenn Sie Ihr Gedächtnis schulen und trainieren wollen.

Sigmund Freud, der Begründer der Psychoanalyse, interessierte sich für das Vergessen vor allem unter dem Aspekt der Verdrängung. Das bedeutet, daß bestimmte unliebsame oder belastende Erinnerungen aus dem Bewußtsein ausgelagert werden, um eine störungsfreie Entwicklung zu ermöglichen.

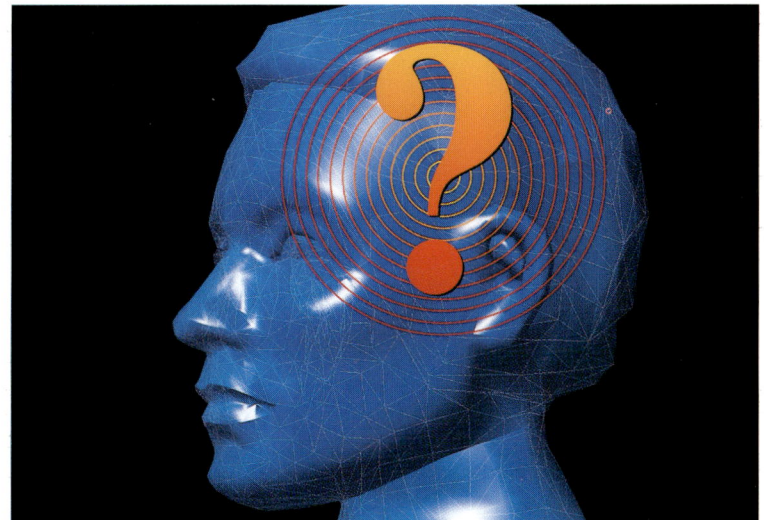

Was wird vergessen – was bleibt haften? Auch wenn die Wissenschaftler das noch nicht genau wissen, lassen sich immerhin einige grobe Regeln aufstellen.

Die Testreihen Frederick Bartletts

Der Forscher Sir Frederick Bartlett (1896–1969) knüpfte an die Untersuchungen von Ebbinghaus an. Seine Testpersonen mußten jedoch keine Nonsenssilben lernen, sondern experimentierten mit Bildern und Geschichten. Mit präzisen Kontrollen stellte Bartlett die Vergleichbarkeit der Ergebnisse sicher, so daß seine Experimente ziemlich kompliziert wurden. Heutige Kontrollen zeigen, daß sein wichtigstes Ergebnis richtig war: Die beste Gedächtnisleistung erreichen Menschen dann, wenn existierende Gedächtnismuster dazu benutzt werden, um neue Informationen zu speichern. Oder kurz gesagt: Neues lernen auf der Basis von Altem.

Immer wieder wurde das Gehirn mit den jeweils neuesten technischen Errungenschaften verglichen. Heute beschäftigen sich hochspezialisierte Fachleute mit den verschiedenen Teilaspekten dieses komplizierten Organs.

Vorstellungen vom Gedächtnis

Jahrhundertelang bestimmte das mechanistische Bild die Vorstellung vom Gehirn. Man betrachtete das Gehirn als eine besonders komplizierte Maschine, sei es nun als Uhrwerk, als Dampfmaschine, elektrische Schaltzentrale, Computer, Bibliothek oder Hologramm.

Ein Gedanke oder ein erinnerter Inhalt wurde als mechanisch umgesetzt gedacht. Man kann sich das wie ein buntes Räderwerk vorstellen, in das oben eine Kugel eingeworfen wird: Sie läuft ihre Bahn nach unten, löst zahlreiche Kontakte aus und setzt damit Prozessse in Gang.

Koordinierte Forschung

Verschiedene Wissenschaftler stellten das Gehirn in den Mittelpunkt: Die Gehirnmediziner (Neurologen) erforschten seine Landkarte, die Topografie; andere kümmerten sich um die chemischen Abläufe im Gehirn (Chemiker) und um die biologischen Prozesse (Biologen); wieder andere maßen die Leistung (Experimentalpsychologen) oder beschäftigten sich mit Lernprozessen (Didaktiker).

Was ist das Gehirn?

Seit Beginn des 20. Jahrhunderts und besonders seit dem Zweiten Weltkrieg begannen die Wissenschaftler verschiedener Fachrichtungen ihre Forschungen zu koordinieren, von gegenseitigen Forschungsergebnissen Kenntnis zu nehmen und bei der Erforschung des Gedächtnisses zusammenzuarbeiten.

Nach dem heutigen Forschungsstand können einige Fakten als gesichert gelten. Vieles ist jedoch noch zu erforschen, besonders die Frage, wie einzelne Prozesse im Gehirn ablaufen.

Tatsachen über das Gehirn

- Das Gehirn besteht aus 15 bis 100 Milliarden Gehirnzellen (Neuronen).
- Das Gehirngewicht liegt zwischen 1250 und 1600 Gramm.
- Das durchschnittliche Gehirngewicht beträgt bei Männern 1350 Gramm, bei Frauen 1250 Gramm.
- Das Gehirngewicht hat keinerlei Bedeutung für Intelligenz und Gedächtnis.
- 0,75 Liter Blut fließen jede Minute durch das Hirn.
- 85 Prozent des Gehirns bestehen aus Wasser.
- Das Gehirn verbraucht etwa 20 Prozent des Sauerstoffbedarfs des Körpers.

Die Landkarte des Gehirns

Das Gehirn (Cerebrum) umfaßt etwa drei Pfund graue Gehirnmasse und besteht aus 15 bis 100 Milliarden Zellen, den Neuronen. Es läßt sich folgendermaßen unterteilen:

Großhirn: Unterteilt in zwei Hälften (linke und rechte Hemisphäre), umfaßt das Großhirn den größten Masseanteil. Mit 2200 Quadratzentimetern Oberfläche bildet das stark gefurchte Großhirn die gesamte äußere Hirnschicht. Es ist der entstehungsgeschichtlich jüngste Gehirnteil.

Heute weiß man noch längst nicht alles über das Gehirn – doch was man weiß, läßt staunen: Milliarden von Zellen, auf einer riesigen Oberfläche angeordnet, und eine sinnreiche Unterteilung machen es zu einem leistungsfähigen »Großrechner«.

Kleinhirn: Das Kleinhirn liegt zum Nacken hin unter dem Großhirn.

Zwischenhirn: Das Zwischenhirn liegt im Zentrum des Kopfes unter dem Großhirn. Das Zwischenhirn umfaßt unter anderem:

● Hirnanhangdrüse (Hypophyse): Hier werden wichtige Hormone produziert.

● Hypothalamus: Steuerzentrum für vegetative Funktionen.

Mittelhirn: Das Mittelhirn stellt den Übergang vom Gehirn zum Rückenmark dar. Bei Tieren mit besonders gut ausgeprägtem Sehvermögen, z.B. Vögeln, ist das Mittelhirn besonders stark ausgeprägt.

Verlängertes Mark: Bildet den Beginn des Rückenmarks. In diesem entstehungsgeschichtlich ältesten Teil des Gehirns liegen wichtigste Steuerungen für die Atmung und den Stoffwechsel.

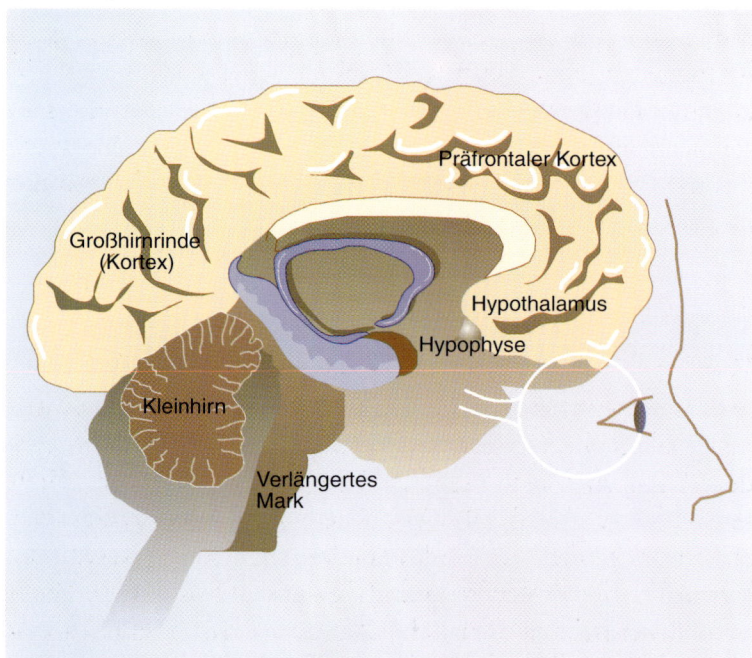

Unser Schädel ist fast völlig von Gehirnmasse ausgefüllt. Durch Nervenstränge ist sie mit allen Körperteilen verbunden.

Zentren für Sinnesorgane

Jahrelang forschten Mediziner nach den speziellen Zentren im Gehirn für die einzelnen Sinne. Sie fanden ein Zentrum für die Bewegung, für den Tastsinn, für den Geruchssinn, das Hörzentrum, das Sehzentrum und gut hundert weitere Zentren. Ein Zentrum für das Gedächtnis fanden sie (noch?) nicht. Daß es ein solches eindeutiges Gedächtniszentrum gibt, ist eher unwahrscheinlich.

Wie funktioniert das Gedächtnis?

Lernen erfordert Veränderung

Im Jahre 1949 erkannte der kanadische Psychologe Donald Hebb: Wenn ein Mensch irgend etwas Neues erlernt, dann muß sich in seinem Gehirn physisch etwas verändern. Dabei ist es gleichgültig, ob man Vokabeln, eine neue Fertigkeit, körperliche Bewegung oder Theorie lernt, irgend etwas in seinem Kopf ist anders als früher. Was dabei verändert wird, das wurde nun zu einer der wichtigsten Fragestellungen der internationalen Gehirnforschung.

Ziel ist die Gedächtnispille

Wenn die Frage nach der Veränderung im Gehirn bei Lernprozessen beantwortet werden kann, dann hat die Forschung nicht allein die Funktionsweise des Gedächtnisses verstanden. Dann sind auch Heilmittel gegen zahlreiche Krankheiten wie beispielsweise die Alzheimersche Krankheit denkbar, ebenso wie die »Gedächtnispille«, die pharmazeutische Lernhilfe, der »Nürnberger Trichter« aus der Pillendose. Wen überrascht es, daß sich zahlreiche Firmen intensiv mit dieser Fragestellung beschäftigen. Etwa 30 Firmen arbeiten

Obwohl man bisher im Gehirn eindeutig lokalisierte Zentren für die Bewegung, das Gehör, den Geruch und andere Funktionen fand, weiß man noch nicht, wo das Gedächtnis seinen Sitz hat. Wahrscheinlich ist die Erinnerung über das gesamte Organ verteilt.

weltweit in diesem Forschungszweig, das pharmazeutische Fachblatt »Scrip« listete bisher schon 182 Testsubstanzen auf, »Business Week« erklärte das Jahr 1994 zum »Jahr des Hirnzuwachses«, und auch die populäre Presse in Deutschland (»Spiegel«, »Focus«) widmet der Gehirnforschung zahlreiche Artikel und Aufmacher.

Neuronen bilden Brücken (Synapsen)

Die bis zu 100 Milliarden Gehirnzellen, die Neuronen, haben eine interessante Struktur. Sie besitzen einen langen »Schwanz«, das Axon, und zahlreiche kürzere Schwänzchen, die Dendriten. Berührt nun ein Axon der einen Gehirnzelle die Dendriten eines anderen Neurons, dann entsteht eine Kontaktfläche zwischen den Neuronen, eine Synapse. An beiden Nervensträngen wachsen halbkugelige Enden, die mit der flachen Seite einander zugewandt sind.

So funktioniert der Denkprozeß: Die Gehirnzelle (das Neuron, A) berührt mit ihrem langen Ausleger (dem Axon, B) einen kurzen Ausleger (den Dendriten) einer anderen Zelle (C). Über zwei halbkugelförmige Enden wird eine Verbindung hergestellt – jetzt können Informationen fließen.

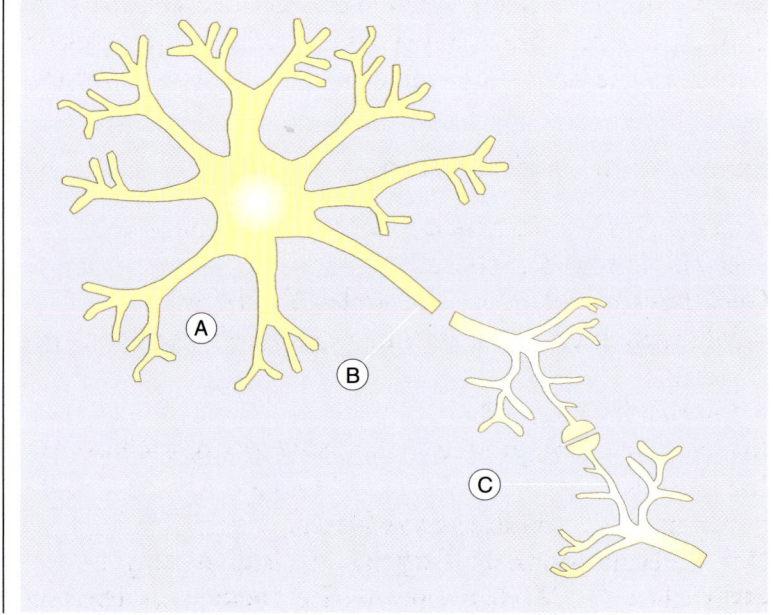

So eine Synapse wirkt wie eine Brücke zwischen beiden Neuronen, obwohl zwischen den flachen Enden immer ein kleiner freier Spalt von einem hunderttausendstel Millimeter bleibt. Das Axon kann wachsen, so daß es Kontakt auch zu weit entfernten Hirnregionen herstellen kann. Was nun genau in diesen Synapsen geschieht, das ist eines der aufregendsten Forschungsgebiete unserer Zeit.

Informationsübermittlung in Synapsen

Wird eine Nervenzelle im Gehirn durch einen Sinneseindruck oder Gedanken gereizt, dann wird an der Synapse der Botenstoff Glutamat ausgeschüttet. Die Glutamatmoleküle schwimmen zur Synapse der anderen Gehirnzelle und heften sich an deren Zellmembran. Zellen besitzen zahlreiche, verschieden große molekulare »Türen«, sogenannte Rezeptoren. Glutamat öffnet in der Zellmembran die kleinen Türen (die sogenannten AMPA-Rezeptoren). Daraufhin strömen positiv geladene Natriumionen in die Zielzelle, die ihrerseits dort chemische Veränderungen verursachen. Kurz gesagt: Die eine Zelle hat der anderen eine Information übermittelt.

Die Ausleger der Gehirnzellen können so lang werden, daß sie auch mit weit entfernten Gehirnregionen in Kontakt treten können.

Speicherung von Information

Nun hat die Empfängerzelle zwar eine Information erhalten, aber wie kann sie diese behalten?
Gedächtnis beruht auf zwei zentralen Vorgängen:
- Information entgegenzunehmen (also auf einen Reiz reagieren)
- Information zu speichern.
In einer Forschungsgruppe an der University of California in Irvine ist es Forschern gelungen, die Frage nach der Funktionsweise des Gedächtnisses zu klären.
Der Gedächtnisforscher Gary Lynch fand in langen Versuchsreihen den Mechanismus der Informationsspeicherung

heraus. Sie beruht im wesentlichen auf Übung und Wiederholung. Kurz und vereinfacht gesagt: *Je öfter wir lernen, um so besser lernen wir.*

Stellen Sie sich vor, Sie gehen durch ganz neues, fremdes Gelände: Wenn Sie etwas ganz Neues lernen, dann bahnen Sie sich einen ersten Weg durch das unbekannte Terrain. Bei wiederholtem Lernen entsteht bereits ein schmaler Trampelpfad, den Sie bei jeder weiteren Wiederholung breiter und bequemer austreten. Irgendwann ist Ihnen der Weg so vertraut wie Ihr Gang zum Bäcker oder Briefkasten.

Wiederholung und Übung

Die medizinische Wissenschaft hat mittlerweile bestätigt, was jeder Lernende bereits am eigenen Leib erfahren hat: Übung macht den Meister. Biochemisch gesehen bedeutet das, daß benutzte Synapsen verstärkt werden, der Informationsaustausch zwischen Gehirnzellen wird leichter.

Wissenschaftlich heißt das Prinzip: Benutzte Synapsen werden verstärkt. Wie Sie gerade gelesen haben, öffnet der Botenstoff Glutamat die kleinen Türen der Empfängerzelle, so daß Natrium einströmen kann. Wenn viele Natriumionen angekommen sind, d. h., wenn Sie viel und oft gelernt haben, dann öffnet die Zelle auch ihre großen Tore, die NMDA-Rezeptoren. Durch diese großen Rezeptoren dringen nun freie Kalziumionen ein, die in der Zelle eine ganze Lawine von Reaktionen auslösen. Die Zelle wird dahingehend verändert, daß sie in Zukunft schneller und leichter auf elektrische Reizung reagiert, also früher ihre großen Tore aufmacht. Sie lernen in Zukunft leichter.

Neurotransmitter trainieren Ihre Synapsen

So einfach arbeitet Ihr Gedächtnis: Natrium klopft an und betritt die Zelle durch die kleinen Türen (AMPA-Rezeptoren). Ist dann genug Natrium da, gehen die großen Türen (NMDA-Rezeptoren, benannt nach dem Transmitter N-Methyl-D-Aspartat) auf, lassen Kalziumionen herein – und schon ist die Nervenzelle um ein Vielfaches aktiver und aufnahmefähiger.

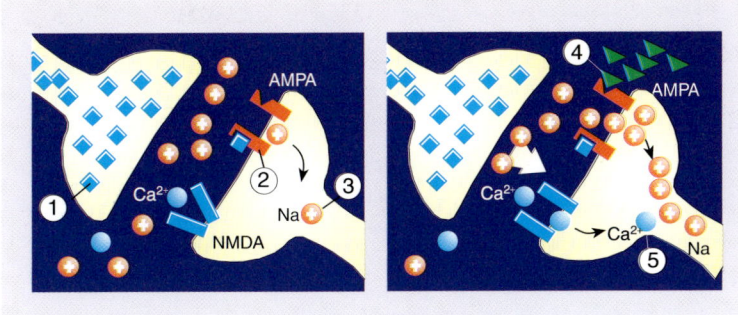

Informationsaustausch zwischen den Synapsen (1 und 5): Natriumionen (3) sind durch die AMPA-Rezeptoren (2) eingedrungen. Jetzt öffnen sich die großen NMDA-Rezeptoren, Kalziumionen (Ca^{2+}) dringen ein. Die grünen Dreiecke (4) rechts oben stellen die Ampakine dar, einen Stoff, der an den AMPA-Türen andockt und dafür sorgt, daß auch die NMDA-Öffnungen aufgeben. Die Wirkung dieser Ampakine versucht man mit der »Gedächtnispille« künstlich hervorzurufen.

Wenn die Rezeptoren blockiert sind

Der nächste Gedanke liegt nahe: Bei Menschen mit schlechtem Gedächtnis arbeiten die Rezeptoren nicht mehr in ausreichendem Maße. In Untersuchungen konnte nachgewiesen werden, daß dieser Zusammenhang stimmt. Wie kann nun die Aufnahmefähigkeit der Rezeptoren in den Synapsen verbessert werden?

Botenstoffe helfen dem Gedächtnis auf die Sprünge

Mittels verschiedener Botenstoffe, der sogenannte Neurotransmitter, versuchen Wissenschaftler zur Zeit, die Rezeptoren biochemisch auf Vordermann zu bringen. Dazu kommen hauptsächlich vier Neurotransmitter zum Einsatz: Calpain, Norepinephrin, Deamino-D-Arginin-Vasopressin (DDAVP) und Serotonin.

Am wichtigsten ist dabei Calpain, ein eiweißspaltendes (proteolytisches) Enzym. Calpain ist in der Lage, blockierte Rezeptoren zu »reinigen«, damit sie wieder aufnahmefähig sind. Dabei benötigt Calpain ausreichend Kalzium. Fehlt dieses Mineral im Körper des Menschen, arbeitet das Enzym nicht ausreichend. Das Ergebnis ist ein schlechteres Gedächtnis. Besonders ältere Menschen mit Kalziummangel leiden öfter an Gedächtnisstörungen.

Stufen des Gedächtnisses

An jedem Tag, in jeder Situation stürmen ungeheure Mengen von Informationen auf Sie ein: Namen, Daten, Bilder, Texte, Eindrücke und Gefühle. Ihre Sinnesorgane liefern eine gigantische Datenmenge an Ihr Gehirn: etwa zehn Millionen Bit pro Sekunde. Das ist ungefähr so viel Information, wie auf einer zur Zeit üblichen Diskette Platz hat: 1,25 Megabyte. Und das pro Sekunde! Pro Stunde sind das bereits 4,5 Gigabyte (4 500 000 000 Byte), so viel, wie die zur Zeit größten Computerfestplatten aufnehmen können.

All die Eindrücke, die Sie sehen, hören, tasten, riechen, schmecken und fühlen, können unmöglich vollständig gespeichert werden. Hier dienen nun die drei Stufen des Gedächtnisses als Filter:

- Ultrakurzzeitgedächtnis (UKZG)
- Kurzzeitgedächtnis (KZG)
- Langzeitgedächtnis (LZG).

Um mit der Unzahl von Daten fertigzuwerden, die jede Sekunde auf uns einstürzen, muß das Gedächtnis auswählen, was wichtig ist. Im Ultrakurzzeitgedächtnis werden 97 Prozent aller Daten gelöscht, von den übrigen im Kurzzeitgedächtnis noch einmal 90 Prozent. Nur etwa eine von 300 Informationen wird ins Langzeitgedächtnis übernommen.

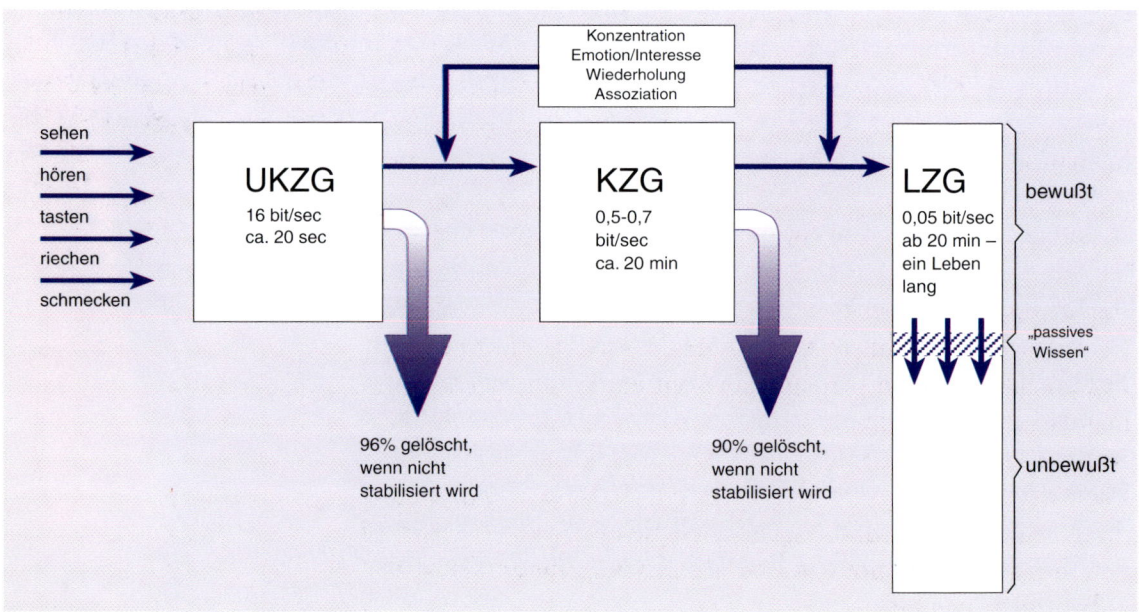

Ultrakurzzeitgedächtnis (UKZG)

Die erste Stufe des Gedächtnisses ist eine Art Echoraum für die Sinneseindrücke. Dieser Wahrnehmungsspeicher (sensorisches Gedächtnis) in der vorderen Hirnrinde (Präfrontaler Kortex) hält Informationen etwa 20 Sekunden lang, gerade wie ein Echo der Sinneseindrücke. Aber beileibe nicht alle zehn Millionen Bit, sondern gerade mal noch 16 Bit pro Sekunde. Wird diese Information nicht stabilisiert, geht sie verloren und verlöscht. Stellen Sie sich das vor wie einen Lichtstrahl auf der phosphoreszierenden Platte eines Radargeräts: Erst ein starker Impuls, der dann rasch verblaßt.

Kurzzeitgedächtnis (KZG)

Alle Informationen, die im Ultrakurzzeitgedächtnis stabilisiert wurden, gelangen dann in das Kurzzeitgedächtnis (KZG). Das KZG verarbeitet etwa 0,5 Bit pro Sekunde. Das sind gerade mal drei Prozent der Informationsmenge aus dem UKZG. Die gefestigte Information verbleibt etwa 20 Minuten im KZG. In dieser Zeit muß der Stoff entweder nochmals gefestigt und weitergegeben werden, oder die Informationen verblassen erneut. Etwa 90 Prozent verlöschen. Zehn Prozent werden weitergeleitet an das explizite, implizite und das affektive Gedächtnis.

Explizites Gedächtnis
Hier werden Erlebnisse gespeichert, Vokabeln, Namen und Fakten. Demzufolge spricht man vom episodischen und semantischen Gedächtnis.

Implizites Gedächtnis
Hier werden Bewegungsabläufe gespeichert, z. B. Informationen über das Autofahren, Klavierspielen, Sportbewegungen, kurz: all die motorischen Kenntnisse, derer Sie sich unbewußt bedienen.

Das Ultrakurzzeitgedächtnis nimmt die meisten Informationen auf – etwa 16 pro Sekunde. Nach etwa 20 Sekunden werden 97 Prozent davon gelöscht, der Rest geht ins Kurzzeitgedächtnis.

Affektives Gedächtnis

Hier werden Gefühle gespeichert. Unabhängig vom Bewußtsein reagieren Menschen beispielsweise auf Verwandte und enge Freunde emotional positiv, auch wenn sie durch eine Gedächtnisstörung sich nicht mehr dieser Menschen erinnern.

Langzeitgedächtnis (LZG)

Über das Kurzzeitgedächtnis gelangen Informationen, die als sehr wichtig bewertet wurden, ins Langzeitgedächtnis (LZG). Die Aufnahmefähigkeit des LZG umfaßt nur noch 0,05 Bit pro Sekunde, also zehn Prozent des KZG. Erneut gingen bei diesem Übergang 90 Prozent der Information verloren. Dafür speichert das LZG diese Information für das ganze restliche Leben. Der Speicherplatz ist dabei nicht festgelegt, es steht die gesamte Hirnrinde zur Verfügung.

Die bis hierher durchgedrungenen Informationen sind als aktives Wissen sofort einsatzbereit. Werden sie oft genug abgerufen, bleiben sie aktiv. Wird jedoch lange Zeit nicht nach ihnen verlangt, dann sinken sie ab: zuerst ins passive Wissen, später ins Unbewußte. Hier baut sich ganz allmählich der tiefste Wissensschatz des Menschen auf.

Auch im Kurzzeitgedächtnis wird wieder ausgewählt. 90 Prozent der aus dem UKZG übernommenen Daten werden nach 20 Minuten gelöscht, zehn Prozent ins Langzeitgedächtnis übertragen.

Informationsverarbeitung des Gedächtnisses		
EBENE	INFORMATIONS-MENGE	DAUER
Sinnesorgane	10 Mio. Bit/Sek.	Sekundenbruchteile
UKZG	16 Bit/Sek.	Bis zu 20 Sekunden
KZG	0,5 Bit/Sek.	Bis zu 20 Minuten
LZG	0,05 Bit/Sek.	Lebenslang

Viel oder wenig?

Von zehn Millionen Bit, die die Sinnesorgane sekündlich anliefern, bleiben im Langzeitgedächtnis gerade mal fünf hundertstel Bit gespeichert. Auf eine Sekunde bezogen ist das nicht viel. Aber bedenken Sie, wieviel Datenmüll auf Sie einprasselt. Wenn Sie im Auto sitzen und an einer Straßenkreuzung halten, dann interessieren Sie sich nicht für die Häuser, den Straßenbelag, den Grünstreifen, den Himmel, die Reklametafeln – Sie konzentrieren sich allein auf die Ampel und warten auf das grüne Licht. Dabei läuft noch der Radio, es juckt Sie am Hals, und Sie schließen das Fenster, weil's draußen so stinkt. Dann kommen noch die Informationen Ihres Autos dazu. Von all diesen Sinneseindrücken lassen Sie nur die Information »Grün« durch.

Schutz vor Datenmüll

Wenn Sie allerdings diese »nur« fünf hundertstel Bit pro Sekunde einmal auf Tage, Wochen und Jahre hochrechnen, dann kommen Sie schnell auf gigantische Dimensionen. Lernen ist schließlich ein lebenslanger Prozeß. Und die Natur sorgt vor, daß Sie nicht im Datenmüll ersticken. Deswegen löscht Ihr Gedächtnis bei jeder Stufe mindestens 90 Prozent der Informationsmenge.

Wer lernen will, muß auswählen, muß Schwerpunkte setzen. Das macht unser Gehirn ganz automatisch. Von Millionen Daten, die sekündlich auf uns einprasseln, nimmt es nur wenige auf. Diese werden auf ihre Bedeutung hin überprüft und bis auf die wichtigsten wieder gelöscht.

— Sich nicht zu erinnern ist lebensnotwendig —

Von den rund zehn Millionen Bit, die unsere Sinnesorgane sekündlich anliefern, dringt das Wenigste überhaupt ins Gedächtnis vor. In den verschiedenen Stufen des Gedächtnisses werden erneut zweimal rund 90 Prozent gelöscht. Dadurch schützt sich Ihr Gedächtnis vor einer Überflutung mit Datenmüll. Denn sinnvolles Lernen ist nur möglich, wenn die Stoffmenge begrenzt und strukturiert ist.

Test: Was wissen Sie über das Gedächtnis?

1. Wo vermutete Aristoteles den Sitz des Gedächtnisses?
   [A] im Gehirn [B] im Herzen

2. Womit testete Hermann Ebbinghaus die Leistungsfähigkeit des Gedächtnisses?
   [A] mit Ziffern [B] mit Reimsilben [C] mit Nonsenssilben

3. Womit testete Frederick Bartlett die Leistungsfähigkeit des Gedächtnisses?
   [A] mit Bildern [B] mit Geschichten [C] mit Nonsenssilben

4. Wie viele Neuronen enthält das Gehirn?
   [A] 15 bis 100 Milliarden [B] 15 bis 100 Millionen [C] 2 bis 15 Millionen

5. Welche Informationsmenge liefern die Sinnesorgane sekündlich an das Gehirn?
   [A] 1,24 Millionen Bit [B] 10 Millionen Bit [C] 10 Milliarden Bit

6. Wie lange speichert das Ultrakurzzeitgedächtnis maximal Informationen?
   [A] 2 Sekunden [B] 20 Sekunden [C] 60 Sekunden

7. Wie lange speichert das Kurzzeitgedächtnis maximal Informationen?
   [A] 2 Minuten [B] 10 Minuten [C] 20 Minuten

8. Welcher Gedächtnistyp speichert Namen, Fakten und Vokabeln?
   [A] Explizites Gedächtnis [B] Implizites Gedächtnis [C] Affektives Gedächtnis

9. Welcher Gedächtnistyp speichert Bewegungsabläufe?
   [A] Explizites Gedächtnis [B] Implizites Gedächtnis [C] Affektives Gedächtnis

10. Welcher Gedächtnistyp speichert Gefühle?
    [A] Explizites Gedächtnis [B] Implizites Gedächtnis [C] Affektives Gedächtnis

Die richtigen Lösungen finden Sie auf Seite 24 am linken Rand.

Die Struktur des Gedächtnisses

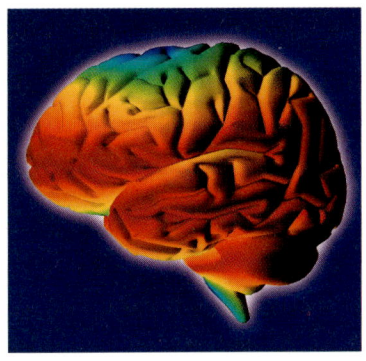

Jedes Gehirn arbeitet etwas anders. Welcher Typ sind Sie?

Der kleine Tiger und sein Bienenstich

»Der kleine Tiger fährt nach Indien.« Was geht in Ihnen vor, wenn Sie diesen Satz lesen?

- Sehen Sie den kleinen Tiger mit seinen Streifen schon unterwegs?
- Sehen Sie vielleicht die Bewegung, wie der kleine Tiger mit seinem neuen Tiger-Fahrrad losbraust?
- Hören Sie schon die Stimme Ihres Kindes, wenn es vom kleinen Tiger spricht?
- Erzeugen die Wörter »kleiner Tiger« bei Ihnen die Visualisierung der Zeichnungen von Janosch?
- Und wenn kleiner Tiger und kleiner Bär sehnsuchtsvoll von Bananen und Biiiienenstich schwärmen, haben Sie dann nicht auch sofort den jeweiligen Geschmack präsent?
- Und wenn Sie schließlich mal wieder in eine Wohnung kommen, in der Sie schon eine Ewigkeit nicht mehr waren, erkennen Sie nicht sofort den ganz spezifischen Geruch? »Ja, genauso roch es hier schon immer«, denken Sie.

Das alles sind verschiedene Formen des Gedächtnisses. Im folgenden sollen sie ein wenig geordnet werden.

Wenn ein bestimmter Reiz über die Sinnesorgane aufgenommen wird und unser Gehirn erreicht, können unterschiedlichste Dinge passieren. Je nach Typ reagiert jeder von uns anders, verarbeitet die Information auf unterschiedliche Weise.

Drei Aspekte des Wortes »Fahrrad«

Nehmen wir das Wort »Fahrrad«. Was geschieht beim Lesen?

- Das Wort F-a-h-r-r-a-d erzeugt unmittelbar die Vorstellung eines Fahrrads: Ihr neues Rennrad, das gestreifte »Bikel« des kleinen Tigers oder ein altes Hollandrad.

LÖSUNG DES GEDÄCHTNISTESTS VON SEITE 22:
Die richtigen Antworten sind: 1B, 2C, 3A+B, 4A, 5B, 6B, 7C, 8A, 9B, 10C.

- Sie sehen den Schriftzug »Fahrrad« oder FAHRRAD oder *Fahrrad* oder FahrRad und hören sofort den Klang [fa:rra:t] des Wortes. Vielleicht stolpern Sie auch mal wieder über das Zungen- bzw. das Zäpfchen-R.

- Oder weckt das Wort »Fahrrad« bei Ihnen die Vorstellung des Fahrens, vielleicht erinnern Sie sich an eine bestimmte Fahrt, damals, als Sie in diesen Platzregen gerieten?

Drei Aspekte des Gedächtnisses

Den drei Möglichkeiten der Erinnerung von »Fahrrad« entsprechen die drei wichtigsten Gedächtnisarten. Diese sind:

- Das visuelle Gedächtnis: Hierzu gehört das Bild.

- Das verbale oder auditive Gedächtnis: Hierzu gehört der ausgesprochene oder gehörte Klang des Wortes.

- Das motorische Gedächtnis: Hierzu gehört der Bewegungsablauf.

Alle drei Aspekte sind bei jedem Menschen vorhanden, allerdings in unterschiedlicher Ausprägung und in beliebigen Kombinationen.

Das Lernen beginnt sofort nach der Geburt. Und ob Sie im Alter noch geistig rüstig und kregel sind, entscheidet sich früh. Bieten Sie Ihren Kindern deshalb Lernanreize, beschäftigen Sie sie – und sich mit ihnen – und lassen Sie sie nicht vor der Glotze verkümmern.

Was für ein Gedächtnistyp sind Sie?

Der visuelle Typ

Der visuelle Typ ist stark auf Bilder konzentriert. Schließen Sie die Augen und stellen Sie sich ein Haus vor. Sehen Sie schon ein ganz konkretes Haus? Wie sind die Fenster? Die Tür(en)? Was für ein Dach hat es? Wenn Sie Ihre Einkäufe erledigen, sehen Sie dann die benötigten Produkte vor sich? *Sehen* Sie Ihr Lieblingsbrot vor Ihrem inneren Auge?
Wenn Sie zu diesem visuellen Typ gehören, dann können Sie sich sicher Ihr früheres Kinderzimmer präzise vorstellen. Sie können Telefonnummern, Adressen, Schreibweisen von Namen gut behalten. Vielleicht haben Sie sogar das legendäre fotografische Gedächtnis.

Haben Sie das berühmte fotografische Gedächtnis? Sehen Sie Dinge und vergangene Ereignisse deutlich vor sich? Dann sind Sie ein »visueller« Gedächtnistyp.

So merkt sich der visuelle Typ eine Telefonnummer

Formen Sie aus den Ziffern Bilder: Die Eins ist ein strammer Soldat, die Zwei ein Schwan, die Drei eine Wolke, die Vier ein Blitz, die Fünf eine Suppenkelle, die Sechs eine Schlange, die Sieben ein Pfeil, die Acht ein Schneemann, die Neun ein Spazierstock und die Null ein See. Lassen Sie Ihrer Fantasie freien Lauf, und erfinden Sie aussagekräftige Bilder in Ihrer persönlichen Symbolsprache.

Der verbale Typ

Der verbale Typ ist stark auf den Klang konzentriert. Die Stimmen von bestimmten Menschen zu erkennen fällt ihm leicht. Er weiß schnell seine Mitmenschen an ihrer Sprechart zu charakterisieren, kennt deren bevorzugte Ausdrücke und Redensarten, kann sie mühelos imitieren. Wie spricht unser Bundeskanzler? Wie drückt Ihr Freund Überraschung aus? Menschen des verbalen Gedächtnistyps lieben Sprichwörter,

**»Johanniswürmchen freut
uns sehr,
Der Jaguar weit weniger.
Die Nachtigall singt
wunderschön.
Das Nilpferd bleibt
zuweilen stehn.«
Solche Verse von Wilhelm
Busch sind wunderschön
und erfreuen auf alle Fälle
den »verbalen«
Gedächtnistyp.**

Reime (»333 – Issos Keilerei«), Versfüße, Knittelreime (Wilhelm Busch ist ihr Favorit!) und haben zu vielen Situationen ein passendes Zitat bei der Hand. Im extremen Fall spricht man hier sogar von einem Echogedächtnis, denn verbale Typen können oft wörtlich wiederholen.

So merkt sich der verbale Typ eine Telefonnummer

Er nimmt die Klangfolge beim Tastentelefon zu Hilfe. Manche Menschen können sogar gut klingende Telefonnummern richtiggehend nachsingen und erinnern.

Der motorische Typ

Der motorische Typ ist auf die Bewegung konzentriert. Bewegungsabläufe sind seine Stärke, beispielsweise Tanzen, Klavierspielen, Radfahren. Jeder Mensch hat natürlich sein

*»Man müßte Klavierspielen können...«
Dem »motorischen« Gedächtnistyp fallen zumindest die komplizierten Fingersätze leichter als anderen Menschen.*

motorisches Gedächtnis trainiert, denn wie könnten Sie sich sonst jeden Morgen Ihre Schuhe zubinden? Versuchen Sie einmal, das Binden der Schnürsenkel verbal zu beschreiben! Das Lernen geht beim motorischen Typ oft über Vormachen und Nachmachen.

So merkt sich der motorische Typ eine Telefonnummer

Über die Abfolge der Fingerbewegungen am Tastentelefon. Der motorische Typ verinnerlicht einen Fingersatz am Telefon so wie ein guter Klavierspieler am Piano.

Wo sind die Gedächtnistypen angesiedelt?

Visuelles und verbales Gedächtnis sind relativ leicht zu lokalisieren: Das visuelle Gedächtnis sitzt im wesentlichen in der rechten Hirnhälfte; das verbale Gedächtnis arbeitet vorwiegend mit der linken Gehirnhälfte zusammen. Das motorische Gedächtnis hingegen ist vermutlich deutlich älter und somit in tieferen Hirnregionen anzusiedeln.

Wo liegen Ihre Stärken und Schwächen?

Wenn Sie feststellen wollen, wo die Stärken und Schwächen Ihres Gedächtnisses liegen, dann machen Sie doch nachfolgenden Test. Beantworten Sie eine Reihe von Fragen und addieren Sie zum Schluß die jeweiligen Antworten.
Diese 21 Fragen geben Ihnen Auskunft, auf welchem Gebiet Ihre Stärken liegen. Haben Sie in allen drei Bereichen gleiche oder ähnliche Werte? Glückwunsch! Dann können Sie bei Bedarf auf beliebige Gedächtniskomponenten zurückgreifen. Bei den meisten Menschen dominiert der eine oder andere Typ. Wie der schwächere Teil durch den besseren gestärkt werden kann, erfahren Sie im nächsten Abschnitt.

Testen Sie Ihr Gedächtnis! Finden Sie heraus, wo Ihre Stärken liegen – im visuellen, verbalen oder motorischen Bereich. Im nächsten Abschnitt erfahren Sie, wie Sie Ihre schwächeren Seiten trainieren können.

Lernerfolge werden stark von Ihrem Konzentrationsvermögen bestimmt. Konzentrationsschwächen sind meist das Ergebnis schlechter Gewohnheiten, z. B. Radiogedudel beim Lernen. Aber was Sie sich angewöhnt haben, können Sie sich auch wieder abgewöhnen.

Test: Visuelles, verbales und motorisches Gedächtnis

Könnten Sie die folgenden Fragen wirklich sicher beantworten? Wenn ja, kreuzen Sie sie an. Zählen Sie dann zusammen, wie oft Sie visuell, verbal oder motorisch erfolgreich waren.

Stellen Sie sich eine Ihnen sehr gut bekannte Wohnung vor (z. B. Ihr Elternhaus oder die Wohnung von Freunden).
- Wie sahen die Wände (oder die Tapete) aus? [visuell]
- Wissen Sie Adresse, Postleitzahl, Telefonnummer? [verbal]
- Fänden Sie noch blind den Weg ins Bad? [motorisch]
- Wo lagen damals die Schlüssel? [motorisch]
- Wie funktionierte der Wasserhahn im Bad? [motorisch]
- Welche Bilder, Fotos, Gardinen hingen dort? [visuell]
- Wie sprachen Ihre Großeltern (Tante, Onkel)? [verbal]

Erinnern Sie sich an Ihre ersten Grundschuljahre.
- Wie hieß Ihr erster Lehrer, Ihre erste Lehrerin? [verbal]
- Wie sah Ihr Klassenzimmer aus? [visuell]
- Wie hieß Ihr Banknachbar? [verbal]
- Wissen Sie noch die Adresse der Schule? [verbal]
- Wo stand Ihre Schultasche? [motorisch]
- Wie sah das Schulgebäude aus? [visuell]
- Wie roch das Schulgebäude? [motorisch]

Hoffentlich haben Sie heute gefrühstückt. Erinnern Sie sich?
- Wie sahen Teller und Tasse aus? [visuell]
- Welche Produktnamen standen auf den Saft- oder Milchflaschen, der Butter, der Marmelade oder dem Müsli? [verbal]
- Wo stand was auf dem Tisch? [motorisch]

Noch einige weitere Fragen.
- Was für Ziffern hat Ihre Küchenuhr? [visuell]
- Bemerken Sie sofort die neue Frisur Ihrer Kolleginnen? [visuell]
- Könnten Sie noch Rollschuhlaufen? [motorisch]
- Lösen Sie gerne Kreuzworträtsel? [verbal]

Stärken Sie Ihr Gedächtnis durch Verknüpfung

Im vorangegangenen Test haben Sie gelernt, in welchen Bereichen Ihre Stärken liegen. Nützen Sie nun Ihre starken Bereiche, um die schwächeren zu verbessern. Denn das Grundprinzip der Gedächtnisschulung heißt Verknüpfung.

Hilfe durch das visuelle Gedächtnis

Besitzen Sie ein starkes visuelles Gedächtnis? Dann stellen Sie sich Namen, Nummern, Adressen bildlich vor. Schreiben Sie es auf, um das Schriftbild zu sehen. Verbinden Sie Klänge, Geräusche mit Bildern. Wenn Sie Menschen neu vorgestellt bekommen, wählen Sie irgendein markantes Element und verbinden Sie es mit dem Namen. Beispiel: »Frau Kreuzmann hat kein großes Kreuz, sondern ist ziemlich klein.« »Herr Robinson lebt nicht auf einer einsamen Insel, sondern mitten in Hamburg.« »Die Familie Pfennig ist nicht arm, sondern besitzt ein Haus.«
Straßen, Orte und Termine können Sie mit Bildelementen verknüpfen, seien es Straßenschilder, Reklametafeln, bestimmte Farben oder was auch immer sonst.

TIP:
Das Grundprinzip des Gedächtnistrainings besteht darin, die schwächeren Seiten durch die starken zu stützen. Arbeiten Sie mit Bildern, mit Visualisierungen, wenn Sie ein visueller Typ sind!

Praxistip: Paßwörter visualisieren

Sie brauchen ein neues Paßwort für Ihr Computerprogramm? Schauen Sie aus dem Fenster: Firmennamen, markante Türme, Flüsse, Bäume, Landschaften – wählen Sie ein markantes Element, das Sie sympathisch finden. Fügen Sie einen bewußten Rechtschreibfehler ein, oder stellen Sie eine Ziffer davor oder dahinter, damit Ihre Kollegen das Paßwort nicht zu leicht erraten. Beispiel: Ahorn2, 3Berg, RheintorZ, Intrecity.

Hilfe durch das verbale Gedächtnis

TIP:
Sind Sie ein verbaler
Gedächtnistyp? Dann fassen
Sie das, was Sie auf keinen
Fall vergessen wollen, in
Reime!

Wenn Ihr verbales Gedächtnis besonders gut ausgeprägt ist, dann verstärken Sie Ihre anderen Gedächtnisaspekte mit Sprache. Nutzen Sie dazu verstärkt Reime und ähnlich klingende Wörter (Alliterationen). Zum Beispiel: Willy Winter (auch wenn Willy Hans heißt) oder toller Thorsten oder breite Breitinger (auch wenn Frau Breitinger spindeldürr ist). Nehmen Sie alles, was Ihnen Spaß macht: Tiernamen, Zitate, Sprichwörter oder schlicht das Gegenteil: dick-dünn, fröhlich-traurig, groß-klein, hoch-tief, alt-jung, hart-weich. Ahnen Sie, wie viele Möglichkeiten sich hier ergeben? Frau Hartmann wird in Ihrem Kopf als Weichfrau geführt, und Herr Jungwirt heißt Altgast. Besonders ergiebig sind Reklamesprüche: Von »Nichts ist unmöglich – Herr Löblich« bis »Mein letzter Wille: Katja Müller-Hille«.

Nummerngedichte

Reimen Sie sich Ihre Geheimzahlen und Telefonnummern zurecht: »Über Stock und Stein – 548, drei Drei'n« (548 333). Die Nummer paßt nicht so leicht? Gruppieren Sie sie um: »Nur viertausend, siebzehn null (4170) – immer happy, immer cool« oder »achtundvierzig neunzehn fünf (48 19 5) – Äpfel, Birnen und die Strümpf'«.

Scheuen Sie sich nicht vor Kinderreimen, Nonsens und Tralala. Einmal gefunden, kriegen Sie bestimmte besonders geglückte Reime nie mehr aus dem Kopf. Die können Sie dann für weitere Reimanknüpfungen gebrauchen.

Hilfe durch das motorische Gedächtnis

Ihre besondere Stärke ist das motorische Gedächtnis? Dann können Sie sich selbst mit Körperbewegungen und Rhythmik auf die Sprünge helfen. Haben Sie als Kind versucht, nicht auf die Ritzen der Gehwegsteine zu treten? Zählen Sie Treppenstufen? Nützen Sie dies für Ihr Gedächtnis: Rhythmisieren Sie Wörter und Namen: »Ho-Ho-Hollerbach« war der Stürmerstar beim FC St. Pauli; probieren Sie es mit »Li-La-Liebermann« oder »Wie? Wo? Wunsiedel«. Straßennamen oder Geburtstage ergeben Reime: »Zweiundzwanzig Neun Fünf Neun (22. September 1959) – da wird sich die Käthe freu'n«.

Beim Telefonieren haben Sie mit motorischen Stärken besondere Vorteile: Setzen Sie Telefonnummern einfach in Fingerbewegungen um. Tippen Sie innerlich auf einem Tastentelefon. Bei manchen Geräten (Mehrfrequenzwahlverfahren) bekommen Sie eine akustische Unterstützung dazu, denn jede Ziffer ist mit einem Ton zu hören. Versuchen Sie mal, eine Telefonnummer nachzusingen.

TIP:
Als motorischer Gedächtnistyp können Sie viele Hilfsmittel einsetzen. Rhythmische Texte, Bewegungsabläufe, Melodien. Nutzen Sie Ihre Fähigkeiten!

Warum funktionieren viele dieser Tricks?

Ist das alles Kinderkram? Firlefanz? Tatsache ist, daß viele dieser spielerischen Tricks funktionieren. Warum? Im ersten Teil dieses Ratgebers wird kurz dargestellt, wie das Ultrakurzzeitgedächtnis arbeitet. Information wird von den Sinnesorganen angeliefert und verbleibt einige Sekunden in diesem »Zwischenspeicher«.

Verknüpfung – die zentrale Technik

Neu aufgenommene Informationen verblassen schnell wieder. Nur wenn Sie das Neue mit Altem verknüpfen, bleiben die Daten haften. Als Verknüpfungstechniken bieten sich an:

- Visualisierung: Verknüpfung mit Bildern
- Verbalisierung: Verknüpfung mit Wörtern
- Rhythmisierung: Verknüpfung mit rhythmischen Körperbewegungen.

Wird die neue Information nicht mit einem bekannten Gedächtnisinhalt verknüpft, dann dauert es nicht lang und sie ist weg. Aus. Vorbei. Vergessen.

Wenn Sie sie jedoch mit etwas bereits Bekanntem verbinden, dann gelangt der Inhalt auf die nächste Gedächtnisebene, das Kurzzeitgedächtnis. Der Vorgang des Verbindens und Verknüpfens von Neuem mit Altem ist die grundlegende Technik, um die Gedächtnisleistung zu steigern. Als gedankliche Verknüpfung (Assoziation) kann tatsächlich alles dienen, was Ihnen gerade in den Sinn kommt. Wenn Sie sich je nach Lage Ihrer Stärken und Schwächen nur mal eine Methode zurechtlegen (Visualisierung, Verbalisierung oder Rhythmisierung), dann sind Sie einfach schneller im Abspeichern der neuen Informationen.

So etwa funktioniert das Prinzip der Verknüpfung: Ankommende Wahrnehmungen – hier durch das Auge dargestellt – gehen nach einigen Sekunden verloren, wenn sie nicht mit bereits vorhandenen Informationen verknüpft werden.

Wie erreichen Sie ein gutes Gedächtnis?

Jemand hat ein gutes Gedächtnis. Was besagt das? Dieser Mensch besitzt damit zwei Fähigkeiten:
- Er kann sich Daten leicht merken.
- Er kann sich lange daran erinnern.

Der erste Aspekt läßt sich auch als hohe Lernfähigkeit beschreiben. Informationstechnisch gesprochen heißt das Speicherung und lange Verfügbarkeit von Daten. In der biochemischen Sichtweise sagt man: Benutzte Synapsen werden weiterhin verstärkt, indem viele Kalziumionen leicht eindringen können.

Lernen und erinnern

Um die Leistung des Gedächtnisses zu steigern, muß es trainiert werden. Denn das Gehirn ist auch ein Organ, das durch Aktivität in Übung bleibt. Wie für alle anderen Organe gilt: Wer sein Gehirn nicht oder zuwenig fordert, muß damit rechnen, daß es erschlafft. Also: Wenn Sie ein gutes Gedächtnis wollen, müssen Sie Ihr Gehirn trainieren, also müssen Sie lernen.

Hierzu gibt es zahlreiche Möglichkeiten: Am beliebtesten sind Knobeleien und Denkspiele, die allesamt folgende Ziele anstreben:
- Erhöhung der Konzentrationsfähigkeit
- Steigerung der Denkfähigkeit
- Erhöhung der Gedächtnisleistung.

Umgekehrt läßt sich sagen: Wer jeden Abend vor dem Fernseher sitzt und sich berieseln läßt, wer sein Gehirn nicht mehr anstrengt, darf sich nicht wundern, wenn er nur noch geringe Gedächtnisleistungen bringt. Denn wissenschaftlich

Dem Gehirn geht es wie Ihrer Muskulatur: Wenn es nicht gefordert wird, baut es ab. Regelmäßiges Training ist also unerläßlich, wenn man die Leistungsfähigkeit seines Denkapparates erhalten und ausbauen will.

ist erwiesen: Benutzte Synapsen werden verstärkt, ungenutzte Synapsen aber verkümmern. Deswegen bietet Ihnen dieser Ratgeber im dritten Teil zahlreiche Ideen, Anregungen, Möglichkeiten und Vorschläge, wie Sie Ihr Gehirn und damit Ihr Gedächtnis fit erhalten können. Nutzen Sie die Angebote, und tun Sie sich selbst etwas Gutes: Denken Sie sich fit!

Die ersten Lebensmonate sind wichtig

So wie unsere Psyche durch frühkindliche Erfahrungen fürs ganze Leben geprägt wird, so wird auch unsere Gehirnstruktur innerhalb von nur drei Monaten festgelegt. Was ein Kind in dieser Zeit erlebt, prägt seine Fähigkeiten und Schwächen entscheidend.

Bei der Geburt eines Kindes ist sein Gehirn schon fast vollständig ausgebildet. In den ersten Wochen nach der Geburt wachsen noch die Zellverbindungen. Diese sind notwendig, damit das Baby die ersten Lebenseindrücke überhaupt irgendwo speichern kann. Dann stoppt der Zellteilungsvorgang, und das Gehirnwachstum ist abgeschlossen.

In diesem Zeitraum geschieht etwas Faszinierendes: Je nach Umgebung und Reiz der äußeren Eindrücke des Kleinkinds knüpfen die Gehirnzellen (Neuronen) weitere Verbindungen und wachsen weiter. Je höher der Impuls der Umwelt, um so dichter knüpft die Natur das Neuronennetz. Diese ersten Lebensmonate eines Säuglings sind entscheidend für die Dichte und die konkrete Anlage seines Neuronennetzes. Nach dem dritten Lebensmonat ist dieser Prozeß abgeschlossen. Das Gehirn ist nun so »verdrahtet«, daß das Kind möglichst gut mit seiner Umwelt zurechtkommt. In zahlreichen Tierversuchen wurde die Richtigkeit dieser Beobachtung bestätigt. Mit der hier angelegten Grundstruktur des Gehirns leben wir dann unser ganzes Leben.

Unterschied der Kulturen

Nun wird deutlich, warum die ersten Eindrücke, die ein kleines Kind von seiner Umwelt gewinnt, so prägend sind. Sind es Wärme, Sonne, Licht und sensorische Eindrücke, sind es

Kälte, Technik, optische Eindrücke — all das prägt die »Verdrahtung« des Neuronennetzes, die Anlage der Vernetzungen und Synapsen.

Der Biochemiker und Kybernetiker Frederic Vester zieht aus dieser frühkindlichen Phase der Gehirnfestlegung brillante Schlüsse auf die unterschiedliche Prägung von Kulturen: »Solche Wahrnehmungsmuster sind also von Familie zu Familie, von Sozialstatus zu Sozialstatus, von Volk zu Volk und erst recht von Kultur zu Kultur sehr verschieden. Bei afrikanischen Eingeborenen sind es weiche braune Haut, Wärme, Luft, runde Formen, Natur, Geruch von Boden, Blätter, Holz, durch Blätter flirrende Sonne, Summen, Kreischen,

Afrikanische Kultur: Erleben Kinder ihre ersten Monate im Freien, dicht am Körper der Mutter in engem Kontakt zur Natur, dann denken und fühlen sie später anders als Kinder, die in einer eher technikbestimmten Umwelt aufwachsen. Das hat Einfluß auf die Kultur, das Naturverständnis und die Mythen einer ganzen Gesellschaft.

Vogelstimmen, Bewegungen, Schaukeln, Schweißgeruch und immer wieder weiche Haut, den ganzen Tag und die ganze Nacht. So sind die Eindrücke von Kindern, die auf dem Rücken der Mutter alle Bewegungen mitbekommen, vorwiegend tastender, fühlender Natur (...), während in unserem Kulturkreis die Kinder diese Dinge nicht mehr mittun, sondern lediglich optisch und akustisch unter dem Sprechen der

Mutter, meist getrennt von ihrem Körper, miterleben. (…) Nicht zuletzt deshalb könnte sich vielleicht das abstrakte wissenschaftliche Denken gerade in unserem Kulturkreis entwickelt haben und bei anderen Völkern mit oft noch viel differenzierteren Kulturen (…) eine andere, von der unseren völlig verschiedene Auffassung von Lebensqualität.« (Frederic Vester: Denken, Lernen, Vergessen, München 1975, S. 36)

Was Hänschen nicht lernt …

Aus der festgelegten Dichte des Neuronennetzes sollte man aber nicht den Schluß ziehen, daß damit eigentlich alles entschieden sei: »Was Hänschen nicht lernt, lernt Hans nimmermehr.« Dieser Satz ist in dieser kategorischen Form falsch!

Früher war man der Ansicht, daß der Gedächtnisabbau im Alter unvermeidlich sei. Einzelne geistig aktive Menschen im hohen Alter galten als Ausnahmen: beispielsweise der Dichter Johann Wolfgang von Goethe, der Maler Pablo Picasso oder der Pianist Vladimir Horowitz.

… kann Hans immer noch nachholen

Eine Langzeitstudie, die über 35 (!) Jahre die Entwicklung der Leistungsfähigkeit des Gedächtnisses untersuchte, widerlegt diese Meinung:

Der Psychologe K. Warner Schaie beobachtete rund 5000 (!) Personen und setzte immer wiederkehrende Tests mit deren Lebenssituation in Verbindung. Das Ergebnis lautete: Zwar gehen die geistigen Fähigkeiten des Menschen ab etwa dem 60. Lebensjahr zurück, ein deutlicher Leistungsabfall läßt sich jedoch allein bei denjenigen Menschen beobachten, die ihr geistiges Training völlig vernachlässigten. Kurz gesagt: Wer wenig tut, baut ab. Wer viel tut, bleibt leistungsfähig.

Zum Lernen ist es nie zu spät. Erst nach dem 60. Lebensjahr lassen die geistigen Fähigkeiten nach – und das auch nur bei Menschen, die ihr geistiges Training völlig vernachlässigt haben.

Gibt es die Superpille für schnelles Lernen?

Neben dem natürlichen Weg des Gedächtnistrainings sucht die Wissenschaft nach einer pharmazeutischen Lösung. Dabei setzen die Wissenschaftler bei der Frage nach der Öffnung der Synapsen an. Wie können die Synapsen pharmazeutisch geöffnet werden? Gary Lynch von der University of California in Irvine experimentiert mit Ampakinen, künstlichen Neurotransmittern. Im Gehirn angekommen, lagern sich Ampakine an den Rezeptoren der Synapsen an und halten diese offen. In Tierversuchen konnten bisher gute Resultate erzielt werden.

Eine Tasse Kaffee tut's manchmal auch

Jedoch lassen sich ähnliche Ergebnisse auch mit einer simplen Tasse Kaffee erzielen. Insofern sind noch Zweifel an der Wirksamkeit dieser pharmazeutischen Wundermittel zur Gedächtnissteigerung angebracht.

Warten Sie nicht auf die Gedächtnispille: Erstens weiß man nicht, ob sie jemals kommt, zweitens läßt sich der Denkapparat auch mit einer Tasse Kaffee anregen. Was Sie ihm sonst noch bieten sollten, steht auf den folgenden Seiten.

In der Vergangenheit gab es schon zahlreiche Versuche, das Gedächtnis biochemisch zu steigern: mit Hormonen, mit Serotonin, mit Calpain und anderen Wirkstoffen. Heute forschen rund 30 Firmen auf diesem Gebiet, denn man erwartet sich große Gewinnchancen mit gedächtnissteigernden Mitteln. Kritiker wenden jedoch ein, daß dieser pharmazeutische Weg allenfalls das Kurzzeitgedächtnis verbessern könnte. Den »steinigen« Weg ins Langzeitgedächtnis müssen die Lernenden den Informationen selbst ebnen.

Die Zeit bis zum »Nürnberger Trichter« aus der Pillendose können Sie jedoch sinnvoll nützen: Trainieren Sie Ihr Gehirn und Ihr Gedächtnis selbst, steigern Sie Ihr mentales Potential. Kostenlos und auf ganz natürliche Weise!

Vitamine fürs Gedächtnis

Voraussetzung für ein leistungsfähiges Gedächtnis ist eine vernünftige Ernährung. Wie soll Ihr Gehirn viel leisten, wenn Sie ihm zuwenig »Treibstoff« zuführen? So wie bei jedem anderen Organ ist auch beim Gehirn die ausreichende Versorgung mit Nahrungsstoffen, Vitaminen und Mineralien von entscheidender Bedeutung.

Bei einer Untersuchung in Großbritannien fand der britische Psychologe Hans Eysenck, daß sich die Leistungsfähigkeit von Jugendlichen deutlich steigern läßt, wenn sie ausreichende Mengen von Vitaminen und Mineralien zu sich nehmen.

Die richtige Kost fürs Gehirn? Alles kein Problem! Mit einer ausgewogenen, vitamin- und ballaststoffreichen Ernährung können Sie nichts falsch machen.

Thiamin (Vitamin B1)

Dies ist das wichtigste Vitamin für gute Gehirnleistungen. Früher wurde Thiamin auch als »Aneurin« bezeichnet, was soviel wie »ohne Nerven« bedeutet. Mit zuwenig Thiamin gehen Ihnen die Nerven durch. Aber nicht nur Ihre psychische Verfassung, auch Ihre Gehirn- und Gedächtnisleistungen werden direkt von Thiamin beeinflußt, ist es doch dasjenige Vitamin, das direkt an der Weiterleitung der elektrischen Signale von Zelle zu Zelle beteiligt ist.

── Thiamin (Vitamin B1) ist enthalten in ──

Bierhefe, Blattgemüsen, Fleisch und Innereien, Bohnen, Erbsen, Nüssen, Voll- kornbrot, Weizenkeimen. Täglicher Bedarf für Erwachsene: 1,7 Milligramm.

Niacin (Vitamin B3)

Niacin ist das zentrale Vitamin für die Zellatmung, also die Verwertung von Sauerstoff. Ohne ausreichend Niacin wird der »Umschlagplatz« des Zellstoffwechsels (Metabolismus) gebremst oder gestoppt. Das hat Auswirkungen auf Ihre Nerven: Nervosität, Konzentrationsschwächen, Depressionen, ja sogar Halluzinationen stellen sich ein. Denn unser Nervensystem reagiert am empfindlichsten auf Störungen der Zellatmung.

Niacin (Vitamin B3) ist enthalten in

Fisch, Hülsenfrüchten, Nüssen, Getreide, Kartoffeln, Geflügel, Innereien (besonders Leber), Vollkornprodukten. Täglicher Bedarf für Erwachsene: 20 Milligramm.

Pyridoxin (Vitamin B6)

Pyridoxin ist am Ab- und Umbau von Aminosäuren beteiligt. Ohne ausreichend Vitamin B6 wird der Stoffwechsel aller Zellen stark beeinträchtigt. Zusammen mit den Enzymen stabilisiert und reguliert Pyridoxin Ihr gesamtes Zentralnervensystem. Deswegen ist es für gute Gedächtnisleistungen unverzichtbar.

Pyridoxin (Vitamin B6) ist enthalten in

Bananen, Kartoffeln, Erdnüssen, Geflügel, Innereien (besonders Leber), Reis, Lachs, Weizenkeimen, Vollkorn. Täglicher Bedarf für Erwachsene: 1,5 bis 2 Milligramm.

Cyanokobalamin (Vitamin B12)

Dieses Vitamin arbeitet eng mit der Folsäure zusammen. Auch wenn im menschlichen Körper nur extrem wenig B12 vorhanden und nötig ist (zwei millionstel Gramm pro Milliliter Blut), ist dieses Vitamin doch für das gesunde Nervensystem unverzichtbar. Eine Unterversorgung kann zu Gedächtnis- und Konzentrationsschwächen führen. Bei strengen Ve-

Die Vitamine für die grauen Zellen finden Sie etwa in Nüssen, Getreide, Obst, aber auch in Geflügel, Leber, Lachs und Spinat. Mit einem Müsli am Morgen und Gemüse zur Hähnchenbrust am Mittag liegen Sie richtig.

getariern, die weder Fleisch noch tierische Produkte zu sich nehmen, kommt B12-Mangel häufiger vor.

— Cyanokobalamin (Vitamin B12) ist enthalten in —

Milch und Milchprodukten, Eiern, Fisch, Fleisch, Innereien (besonders Leber und Nie-ren), Geflügel. Täglicher Bedarf für Erwachsene: 0,03 bis 0,05 Milligramm.

Folsäure (Vitamin der B6-Gruppe)

TIP:
Folsäuremangel verursacht Depressionen und Konzentrationsschwäche. Achten Sie darauf, Lebensmittel nicht zu lange zu lagern – dadurch wird die wichtige Folsäure abgebaut.

Das Vitamin Folsäure – der Name kommt von lateinisch *folium* »Blatt« – wurde zuerst in Spinatblättern entdeckt. Es ist vor allem für die Bildung der roten Blutkörperchen verantwortlich. Ein Mangel an Folsäure verursacht Lernstörungen, Gedächtnisschwund, Schlafstörungen, Angst, Depressionen und Blutarmut. Bedenken Sie bitte, daß Folsäure in Lebensmitteln durch zu lange Lagerung und hohe Temperaturen oft zerstört wird. Folsäuremangel kommt deswegen häufiger vor als man erwartet.

Folsäure ist enthalten in

Spinat, Spargel, Brokkoli, Blattgemüsen, Nüssen, Erbsen, Bohnen, Zwiebeln, Leber, Eigelb, Weizenkeimen und Vollkornbrot, Vollkornmüsli und Leinsamen. Täglicher Bedarf für Erwachsene: 0,05 Milligramm.

Askorbinsäure (Vitamin C)

Das bekannte Vitamin C ist nicht nur für Knochen- und Zahnbildung, für das Wachstum von Kollagen im Bindegewebe und gegen Infektionen hilfreich und notwendig, die Askorbinsäure hilft auch bei der geistigen Konzentration. Ein Vitamin-C-Mangel verursacht Konzentrationsprobleme, führt zu geistiger Trägheit und Depressionen. Glücklicherweise können Sie einer Unterversorgung mit Vitamin C leicht vorbeugen: Nicht nur in zahlreichen Zitrusfrüchten ist dieses Vitamin ausreichend vorhanden, auch die erhältlichen Vitaminpräparate können Sie bedenkenlos zu sich nehmen. Im Gegensatz zu manchen anderen Vitaminen ist hier eine Überdosierung ausgeschlossen: Was vom Körper nicht verwertet werden kann, wird einfach wieder ausgeschieden.

Vitamin C ist auch fürs Gehirn wichtig. Zitrusfrüchte, Gemüse oder Vitaminpräparate stellen die Versorgung sicher. Eine Überdosierung macht nichts: Was der Körper nicht braucht, wird wieder ausgeschieden.

--- **Askorbinsäure (Vitamin C) ist enthalten in** ---

Zitrusfrüchten, Brokkoli, Rosenkohl, Blumenkohl, Blattgemüsen, Tomaten **und Erdbeeren. Täglicher Bedarf für Erwachsene: 75 Milligramm.**

Ohne Mineralien können Sie es vergessen

Wie bei den Vitaminen ist auch eine ausreichende Versorgung Ihres Organismus mit Mineralien für ein leistungsfähiges Gedächtnis unumgänglich. Der Stoffwechsel (Metabolismus) in den Zellen wird entscheidend von Enzymen gesteuert. Diese benötigen als Koenzyme oft Vitamine und Mineralstoffe, die sogenannten Spurenelemente. Nachfolgend finden Sie eine Aufstellung der wichtigsten Mineralien.

Kalzium

Im ersten Teil konnten Sie sich über die Funktionsweise der Gehirnsynapsen informieren. Bei guten Gedächtnisleistungen öffnen sich die Rezeptoren, um Kalziumionen einströmen zu lassen. Es ist einleuchtend, daß hierfür erst einmal genügend Kalzium im Körper zur Verfügung stehen muß.

Mineralien und Spurenelemente nehmen Sie bei ausgewogener Ernährung in ausreichender Menge zu sich. Bei Kalzium und Magnesium liegt der Bedarf relativ hoch; hier sollten Sie ein Auge auf eine gesicherte Zufuhr, eventuell durch entsprechende Präparate, haben.

Eine Unterversorgung mit Kalzium führt nicht nur zu Gedächtnisschwächen, sondern zu ganz erheblichen Gedächtnisstörungen. Kalzium ist das wichtigste Mineral für gutes Gedächtnis.

Kalzium ist enthalten in

Milch und Milchprodukten, Blattgemüsen, Nüssen, Brok- koli, Bohnen, Lachs und Wasserkresse.

Kupfer

Kupferionen sind bei der Zellatmung von unersetzlicher Bedeutung. Kupfer ist an vielen Oxidationsprozessen und der Verwertung von Sauerstoff beteiligt. Kupferionen und die daraus aufgebauten Koenzyme schützen die Nervenhülle, die sogenannte Myelinhülle, um die Nervenfasern. Kupfermangel erschwert das klare Denken.

Achtung: Kupferverbindungen benötigen Sie nur in allerkleinsten Mengen. Bei Überversorgung mit Kupfer kann es zu Vergiftungen kommen! Mit gesunder, ausgewogener Ernährung nehmen Sie genug Kupfer zu sich.

Kupfer ist enthalten in

Kabeljau, Bananen, Pilzen, Nüssen, Austern, Fleisch, Geflügel und Vollkornprodukten.

Jod

Jod ist das wichtigste Spurenelement für die Schilddrüse. Fehlt es an Jod, kann ein Kropf entstehen. Süddeutschland ist ein bekanntes Jodmangelgebiet; deswegen empfiehlt sich die Verwendung von jodiertem Speisesalz.

Jod ist enthalten in

Seefisch, Meeresfrüchten. In Jodmangelgebieten (Süddeutschland) empfiehlt es

sich, mit jodiertem Speisesalz zu würzen. Achten Sie auch beim Brot auf Jodsalz.

Magnesium

Der für die Nervenimpulse so wichtige Phosphorstoffwechsel wird durch Magnesium angeregt. Besteht ein Mangel an Phosphor, kann es zu Störungen der Reizübermittlung in den Nerven kommen. Konzentrationsschwächen, Verwirrung und Halluzinationen können die Folge sein. Der Magnesiumbedarf des Menschen ist ziemlich groß: Ein Erwachsener benötigt täglich 400 Milligramm.

Magnesium ist enthalten in

Naturreis, Blattgemüsen, Nüssen, Hülsenfrüchten,

Soja, Vollkornprodukten und einigen Mineralwässern.

Weiterhin benötigt Ihr Organismus Spurenelemente wie Eisen, Mangan, Kalium und Zink. Die meisten Mineralien finden Sie in Vollkornprodukten, mit denen Sie auch noch für Ihren Darm etwas Gutes tun.

Vorsicht mit Abmagerungsdiäten

Viele Menschen glauben, sie seien zu dick. Unabhängig davon, ob dies nun wahr ist oder eher das Ergebnis eines verbreiteten Körperideals, suchen sie ihr Glück in tausendundeiner Diät. Die meisten dieser Diäten zeitigen vor allem ein Ergebnis: Vitamin- und Mineralienmangel.

Jodmangel tritt in regional begrenzten Gebieten auf und führt in schlimmen Fällen zur Kropfbildung. Witzige Zeitgenossen haben den Kropf deshalb als »bayerisches Nationalgeschwür« bezeichnet.

TIP:
Wählen Sie ein magnesiumhaltiges Mineralwasser. Dann haben Sie die Magnesiumversorgung sichergestellt.

Bei Diäten mit unter 2100 Kalorien pro Tag sind solche Mangelerscheinungen nahezu sicher. In der amerikanischen Mayo-Klinik wurde in einer Untersuchung festgestellt, daß Menschen unter kalorienarmer Diät aggressiver wurden, mehr Angst hatten, unkonzentriert waren und vor allem, daß ihr Gedächtnis nachließ! Jeder, der schon einmal abmagern wollte, kennt diese Gefühle aus eigener Erfahrung.

Überlegt abnehmen

Damit soll nun nicht prinzipiell von jeder Diät abgeraten werden, aber wenn Sie eine planen, sollten Sie vorher Ihren Arzt oder Apotheker um Rat fragen. Sonst kann es wirklich leicht passieren, daß Sie durch Vitaminmangel nicht nur etwas Ihres »physischen Gedächtnisses«, also von Ihrem Bauch verlieren, sondern auch an Ihrem mentalen Gedächtnis »abnehmen«.

Viel hilft nicht viel

Schön wär's: Das Gehirn braucht zwar Vitamine und Mineralien für ein reibungsloses Funktionieren, aber die Erhöhung der Dosis führt nicht zu einem besseren Gedächtnis. Das können Sie sich nur antrainieren!

In Ihrem Körper müssen Vitamine und Mineralien ausreichend vorhanden sein, sonst kann es zu Gedächtnisstörungen kommen. Der Umkehrschluß ist jedoch nicht gültig: Durch besonders viele Vitamine und Spurenelemente können Sie Ihr Gedächtnis nicht »dopen«.

Anders formuliert: Durch zuwenig Vitamine kann Ihr Gedächtnis eingeschränkt werden. Zu viele Vitamine können es jedoch nicht zu größerer Leistung anspornen.

Die Lehre vom gesunden Leben nennt man »Diätetik«. Hiervon ist das Wort »Diät« abgeleitet. Gesundes Leben bezeichnet aber vor allem ein Leben im Gleichgewicht zwischen psychischen und physischen Teilen, zwischen Seele und Körper. Deswegen ist eine Diät, bei der Sie sich krank hungern, ebenso schädlich wie der übertriebene Konsum von Lebens- und Genußmitteln.

Wundermittel Lezithin

Eine positive Wirkung auf das Gedächtnis versprechen sich Ärzte besonders von Lezithin. Das sind phosphor- und cholinhaltige Fette (Lipide), die für das Nervengewebe besonders notwendig sind. Lezithin ist teilweise wasser- und teilweise fettlöslich, so daß es gerade an den Synapsen der Nervenzellen hervorragende Eigenschaften zeigt. Bei vielen älteren Menschen bewirkt Lezithin eine deutliche Verbesserung des Gedächtnisses und der Konzentrationsfähigkeit. Wie es das Lezithin anstellt, um die synaptischen Verbindungen zu verbessern, da forscht man in medizinischen Kreisen noch intensiv. Gesichert ist zumindest die Erkenntnis, daß die Alzheimersche Krankheit, die zum Gedächtnisverlust führt, die Cholinproduktion des Gehirns einschränkt. Solange bis uns weitere Ergebnisse der Forschung vorliegen, scheint es wenig Alternativen zum Lezithin zu geben.

Lezithin ist enthalten in

Eigelb, Sojaprodukten, alle Arten von Pilzen, Bananen und allen Sorten Schokolade.

Bananen und Schokolade?

Wenn Sie die aufgeführten Kästen bei den Vitaminen und Mineralien so durchlesen, dann erkennen Sie schnell das Prinzip: Gesund ist eine ausgewogene und natürliche Ernährung mit viel Gemüse, Obst, Milch- und Milchprodukten, Nüssen, Vollkorn, aber auch mit Fleisch. Jeder weiß, daß Hamburger, Pizza und Fertiggerichte nicht die körperlichen Bedürfnisse nach Vitaminen decken. Suchen Sie sich Ihren persönlichen Weg, Ihren ganz individuellen Speiseplan, aber achten Sie dabei auf Ausgewogenheit. Und wenn Sie Lust darauf haben, können es auch Bananen und Schokolade sein. Ihr Gedächtnis wird es Ihnen nicht vergessen!

Leiden Sie unter Konzentrationsschwäche? Dann könnte die Zufuhr von Lezithin helfen. Diese Fettart wirkt direkt auf die Synapsen. Lezithin finden Sie in so leckeren Nahrungsmitteln wie Bananen und Schokolade.

Kinder lernen noch spielerisch einfach.

Machen Sie sich das Lernen leicht! Auf der gegenüberliegenden Seite zeigen wir Ihnen, wie Sie sicherstellen können, daß Ihnen das Gehirntraining Spaß macht.

Trainieren Sie Ihr Gedächtnis

Gutes Gedächtnis für jung und alt

Gutes Gedächtnis ist erlernbar. Mit ein wenig Training erreichen Sie schnell eine Steigerung Ihrer Gedächtnisleistung. Dabei ist Ihr Lebensalter zweitrangig: Gedächtnistraining ist für jung und alt – für alle. Wie im ersten Teil dieses Ratgebers ausgeführt wurde, basiert ein gutes Gedächtnis vor allem darauf, wie oft und intensiv Sie es benutzen. Wissenschaftlich lautet dies: Benutzte Synapsen werden verstärkt.

Die nun folgenden beiden Kapitel bieten Ihnen reichlich Möglichkeiten, Ihre Synapsen zu gebrauchen, Ihr Gedächtnis zu stärken und noch Spaß dabei zu haben. Vier alltägliche Gedächtnisprobleme – Ziffern und Nummern, Namen und Gesichter – können Sie aktiv trainieren.

Motivation leichtgemacht

Wer lernen soll, muß lernen wollen. Wenn Sie etwas lernen müssen, aber überhaupt keine Lust dazu haben, dann wird der Erfolg nicht überwältigend sein. Diese Erfahrung kennen Sie sicherlich noch gut aus Ihrer Schulzeit: Endlos viele Vokabeln, chemische oder physikalische Formeln erreichen Ihr Gedächtnis schneller und leichter, wenn Sie Ihnen mit Interesse gegenüberstehen. Die Ursache: Informationen, die bei Ihnen mit positiven Gefühlen besetzt sind, werden Sie schneller und besser verknüpfen. Durch diese Verknüpfung gelangt der gelernte Inhalt auf die nächste Gedächtnisstufe.

Verbessern Sie Ihre Lernmotivation!

- Beseitigen Sie vermeidbare Störungen

Viele Störungen der Konzentration und damit des Lernerfolgs können Sie selbst abstellen: Musik- oder Radioprogramme, ein dauernd klingelndes Telefon oder störende Geräusche. Suchen Sie sich ein ruhiges Eck, wo Sie eine Zeitlang ungestört sind. Radio aus, den Anrufbeantworter an, Tür und Fenster zu. Los geht's.

- Nutzen Sie einen regelmäßigen Arbeitsrhythmus

Durch einen festen Lernrhythmus erwachsen Gewöhnungseffekte. Wenn Sie jeden (Werk-)Tag um eine bestimmte Zeit an Ihren Lernplatz gehen, dann haben Sie sich bald daran gewöhnt. Ohne Lernen würde Ihnen dann etwas fehlen. Machen Sie aus Ihrer Trainingseinheit ein kleines Ritual. Machen Sie es sich schön – wenn Sie ein häuslicher Typ sind, rücken Sie Ihren Lieblingssessel ans Südfenster. Egal, was

Sie tun: Es sollte immer das gleiche sein, so daß Sie sofort in Stimmung kommen und sich so leichter vom störenden Alltag lösen können.

- Gönnen Sie sich genügend Pausen

Niemand kann andauernd lernen. Den größten Lernerfolg erreichen Sie, wenn Sie sich einen festen Zeitplan aufstellen: Lernphase, erste Wiederholung, Pause; zweite Wiederholung; neue Lernphase usw. Verlassen Sie in den Pausen Ihren Lernplatz, gehen Sie mal schnell in den Garten, in die Küche, ums Haus herum. Die Länge der Lernphasen und Pausen hängt von Ihrem Pensum und Ihrer Zeit ab. Korrigieren Sie Ihren heutigen Zeitplan nach Ihren gestrigen Erfahrungen. Nach 90 Minuten sollten Sie auf jeden Fall eine größere Pause von 15 bis 20 Minuten machen. Trennen Sie Arbeits- und Erholungsphasen deutlich voneinander.

- Zerlegen Sie den Lernstoff in überschaubare Stücke

Nehmen Sie sich nur so große Lernstücke vor, die Sie in einer Lernphase gut bewältigen können. Sie lernen schneller, wenn Sie mehrere kleine Stücke lernen und wiederholen.

- Geben Sie sich selbst positive Rückmeldungen

Loben Sie sich! Wenn Sie sich zuviel vornehmen und bei der Wiederholung schon wieder das meiste vergessen haben, dann sind Ihre Lernabschnitte zu groß. Sie werden ungeduldig mit sich, ärgern sich – und verkleinern damit den Lernerfolg. Bei kleineren und mehreren Lernschritten haben Sie mehr Erfolg: Dann sollten Sie sich auch öfter loben: »Nun kann ich schon x Prozent von der Aufgabe!« Sie werden zufriedener mit sich, positiver gestimmt – und vergrößern damit Ihren Lernerfolg. Besser viele kleine erfolgreiche Schritte als ein mittelmäßiger großer.

Ziffern und Zahlen leichter lernen

Erinnern Sie sich noch an die Tips zum Lernen von Telefonnummern? Rhythmisieren und Reimen lautete der Vorschlag auf Seite 30. Das wird besonders Menschen mit starkem motorischen Gedächtnis helfen. Für Menschen mit visueller und verbaler Stärke bietet sich ein anderes System an: das große Zahlensystem.

Das große Zahlensystem

Tagtäglich müssen wir uns komplizierte Zahlenfolgen merken. Mit einem einfachen Trick können Sie Ihre Konten- und Telefonnummern in leicht zu behaltende Worte »übersetzen«.

Das große Zahlensystem basiert auf der Übersetzung von Zahlen in Wörter. Anstelle der Ziffernfolge 35 84 10 merken Sie sich »Müll-Feuer-Dose«. Das geht ganz einfach.

Ersetzen Sie die Ziffern 0 bis 9 durch folgende Konsonanten	
0 = C oder S oder Z	5 = L
1 = D oder T	6 = SCH oder CH oder X
2 = N oder W	7 = G oder K oder CK oder J
3 = M	8 = F oder V oder PF
4 = R	9 = B oder P

Füllen Sie den Raum zwischen den Konsonanten mit Vokalen und Umlauten. Angenommen, Sie wollen jetzt die Zahl 10 übersetzen: 1 = D oder T, 0 = C, S oder Z. Das könnte sein: Dose, Dies(e), Tasse.
Oder die Ziffer 33 (3 = M): Mama, Miami, Momo.
Oder die Ziffer 51 (5 = L, 1 = D oder T): Latte, Lotte, Lade, Luther. Für die Ziffern 0 bis 9 müssen Sie dann noch Wörter erfinden; bis auf einen Konsonanten steht Ihnen alles frei.
Sie können sich so Ihr persönliches und individuelles Ziffernsystem aufbauen. Oder Sie können den nun folgenden Vorschlag übernehmen, variieren und abändern.

Das große Zahlensystem

0	=	Öse	34	=	Meer	68	=	Schiff
1	=	Tee	35	=	Müll	69	=	Schabe
2	=	Wanne	36	=	Masche	70	=	Kasse
3	=	Oma	37	=	Mücke	71	=	Kette
4	=	Reh	38	=	Mofa	72	=	Kanne
5	=	Löwe	39	=	Mappe	73	=	Kamm
6	=	Hexe	40	=	Rose	74	=	Karre
7	=	Auge	41	=	Rad	75	=	Kohl
8	=	Affe	42	=	Ruine	76	=	Koch
9	=	Oboe	43	=	Raum	77	=	Jojo
10	=	Dose	44	=	Rohr	78	=	Kaffee
11	=	Teddy	45	=	Rollo	79	=	Kappe
12	=	Tanne	46	=	Rauch	80	=	Vase
13	=	Dame	47	=	Rock	81	=	Fete
14	=	Teer	48	=	Riff	82	=	Fahne
15	=	Diele	49	=	Raupe	83	=	Vim
16	=	Tisch	50	=	Laus	84	=	Feuer
17	=	Dogge	51	=	Latte	85	=	Falle
18	=	Topf	52	=	Lawine	86	=	Fisch
19	=	Taube	53	=	Lamm	87	=	Feige
20	=	Nase	54	=	Lyra	88	=	Pfaffe
21	=	Note	55	=	Lilie	89	=	VIP
22	=	Nonne	56	=	Leiche	90	=	Baß
23	=	Name	57	=	Locke	91	=	Boot
24	=	Niere	58	=	Laffe	92	=	Bohne
25	=	Nil	59	=	Laub	93	=	Baum
26	=	Nixe	60	=	Schuß	94	=	Bär
27	=	Wange	61	=	Schotte	95	=	Ball
28	=	Napf	62	=	Schein	96	=	Bach
29	=	Noppe	63	=	Schaum	97	=	Boje
30	=	Maus	64	=	Schere	98	=	Bifi
31	=	Made	65	=	Schal	99	=	Puppe
32	=	Mohn	66	=	Scheich	100	=	Odysseus
33	=	Mumie	67	=	Scheck			

Geheimzahlen leichter merken

Das werden Sie doch zugeben: »Meerschaum« oder »Feuerlawine« fällt einem am Geldautomaten leichter ein als »3463« oder »8452«!

Es bleibt Ihnen überlassen, wieviel Konzentration und Lernaufwand Sie in dieses große Zahlensystem stecken wollen. Natürlich erfordert die Erlernung der neun Ziffern etwas Aufwand. Daher fällt es Ihnen vielleicht leichter, wenn Sie nur die Wörter erlernen, aus denen sich die Persönliche Identifikationsnummer (PIN-Code) Ihrer Scheckkarte zusammensetzt. Angenommen, Ihr PIN-Code lautet 3463 oder 8452, dann würde er zu »Meerschaum« oder »Feuerlawine«.

Gehirnjogging 1

Analogien bilden

Analogien sind Ähnlichkeiten oder Entsprechungen. Ein Beispiel: Die Beziehung lautet Teil : Ganzem (sprich Teil zu Ganzem). Dotter : Ei ist analog zu Baum : Wald.
Setzen Sie nun in folgende Leerstellen die passenden analogen Begriffe. Die Lösung finden Sie auf Seite 52 in der Randspalte.

── Test: Analogien ──

Apfel	:	Schale	=	Körper	: _____
Wort	:	_____	=	Ton	: Musik
Trauer	:	weinen	=	_____	: lachen
_____	:	Baum	=	Stengel	: Blume
Milch	:	Kuh	=	_____	: Huhn
Insel	:	Meer	=	_____	: Wüste
Gewehr	:	Kugel	=	Bogen	: _____
Milch	:	Butter	=	_____	: Brot
Regen	:	_____	=	Wasser	: Eis
Meer	:	Wasser	=	_____	: Sand
Wasser	:	Turbine	=	Benzin	: _____

Ziffernfolgen finden

Finden Sie in nachfolgender Zahlenkette alle Ziffernfolgen mit 135. Die Ziffern können auch in umgekehrter Reihenfolge als 531 erscheinen.

241013513435121350013553173813135053531 3

Dreiecke zählen

Wie viele Dreiecke sind in dieser Figur enthalten?
Die Lösung finden Sie auf der nächsten Seite in der Randspalte.

Die Lösung finden Sie auf der nächsten Seite in der Randspalte.

TIP:
SPIELEN SIE MAL WIEDER MEMORY!
Das Bilderspiel gibt es in verschiedenen Ausgaben für Kinder und Erwachsene. Spielen Sie zusammen mit Kindern, und Sie werden sich wundern, wie fix Ihre Mit- und Gegenspieler sind. Memory ist das ideale Gehirnjogging.

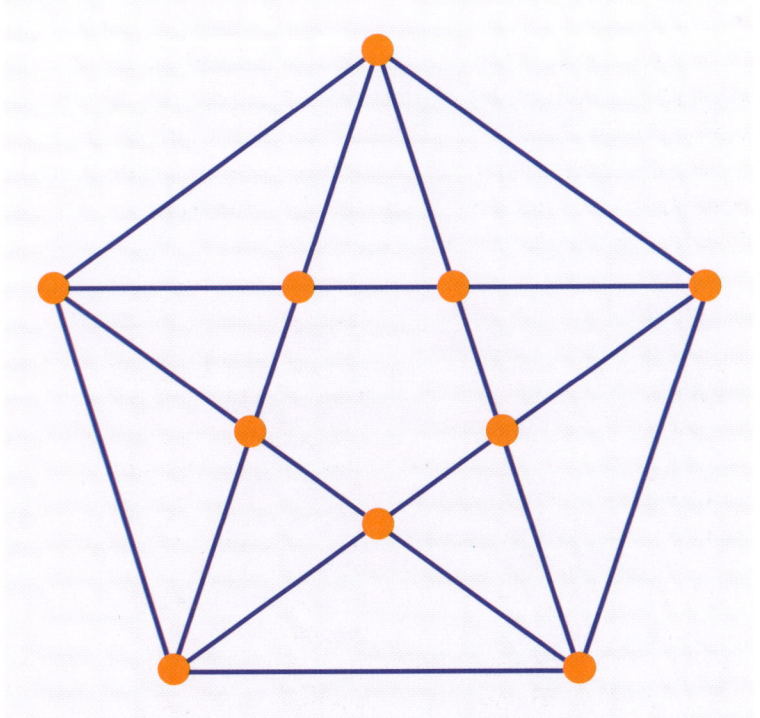

Namen und Gesichter leichter merken

Vielleicht waren Sie auch schon häufiger in einer dieser Situationen:

- Sie begegnen jemandem und wissen genau, daß Sie diese Person kennen. Aber Sie können sich um nichts in der Welt an den Namen der Person erinnern.
- Sie treffen eine wildfremde Person. Nach kurzer Zeit stellt sich heraus, daß dieser Mensch Sie sehr wohl kennt: »Ja kennen Sie mich denn nicht mehr?! Wir sind uns erst kürzlich bei der Party von Herrn Meier begegnet.«

Namen verknüpfen

LÖSUNG ZU
»DREIECKE ZÄHLEN«:
Die Figur enthält nicht
weniger als 35 Dreiecke!

Auf einer Party werden Sie zahlreichen neuen Menschen vorgestellt: Woltmann, Kühbauch, Leser, Fischer, Eder, Dürr, Beinlich, Lauer, Schön, Stahl, Holz, Lafontaine und noch vielen anderen.

LÖSUNG ZU
»ANALOGIEN BILDEN«:
Haut, Sprache, Freude,
Stamm, Ei, Oase,
Pfeil, Mehl, Schnee,
Wüste, Motor.

Versuchen Sie, Assoziationen mit den Namen aufzubauen:
- Steht Herr Woltmann ständig unter Spannung?
- Was hat Kühbauch mit dem Bauch einer Kuh zu tun?
- Kann Herr Leser überhaupt lesen?
- Fängt Herr Fischer noch Fische?
- Warum hat Herr Eder seinen Pumuckl nicht mitgebracht?

Paßt der Name zu der Person oder gerade nicht?
- Ist Herr Dürr dick oder dürr?
- Hat Frau Beinlich wirklich so lange Beine?

Reimt sich etwas auf den Namen?
- Herr Lauer ist schlauer.
- Mit Fräulein Schön könnte was geh'n!

Nennt der Name ein Ding?
● Herr Stahl, Frau Holz, Kollege Kugel

Kann man ausländische Namen »übersetzen«?
● Lafontaine = der Springbrunnen

Bezeichnet der Name einen Beruf?
● Schmied, Schuster, Meier, Müller

Läßt sich der Name erklären?
● Bachmüller = der Müller am Bach

Bleiben Sie Ihrer Assoziation treu

Wiederholen Sie den Namen innerlich, wenn Ihnen jemand vorgestellt wird. Bauen Sie eine Assoziation auf, je abstruser, um so leichter werden Sie sich daran erinnern. Aber bleiben Sie Ihrem inneren Bild treu! Merken Sie sich das Muster, nach dem Sie Dinge verknüpfen. Sonst reden Sie Frau Steinhaupt noch mit Frau Holzkopf an. Oder es ergeht Ihnen wie dem Helden in einer Geschichte von Ephraim Kishon: Dieser wollte sich unbedingt den Straßennamen »Helsingforsstraße« merken und übersetzte mnemotechnisch so: »Der erste Teil erinnerte mich an die finnische Hauptstadt Helsinki. Der zweite Teil ist nahezu identisch mit der bekannten amerikanischen Automarke Ford. Und die beiden sind durch ein ›g‹, den siebten Buchstaben im Alphabet, miteinander verbunden. Ganz einfach. Helsin(ki)-g-for(d)s.«
Als dann der Ernstfall eintrat und er sich wieder an den Straßennamen erinnern wollte, rekonstruierte er voller Aufregung so: »Die Hauptstadt von Norwegen heißt Oslo – in der Mitte kommt ein ›g‹ – und dann der erste Teil dieser berühmten englischen Automarke Rolls Royce: Oslogrollsstraße!« Die Erzählung Kishons heißt dann folgerichtig auch: »Kein Weg nach Oslogrolls«.

Vergessen Sie auch dauernd die Namen Ihrer Gesprächspartner? Dann machen Sie nichtssagende Namen einfach aussagekräftiger. Assoziieren Sie Bedeutungen hinzu, lassen Sie Ihrer Fantasie freien Lauf!

Gedächtnislücken überspielen

Wenn Ihnen dann doch der Name entfallen ist, fragen Sie Ihr Gegenüber! Kaum etwas ist peinlicher, als dauernd die Anrede überspielen zu müssen. Oder gar den falschen Namen zu gebrauchen. Sagen Sie ganz offen: »Ich erinnere mich gut an Sie, nur Ihr Name ist mir entfallen.«

Die ersten Momente einer Begegnung können Sie auch locker überspielen: »Oh, schön Sie zu treffen. Wie geht's Ihnen denn?« Während Ihr Gegenüber antwortet, haben Sie noch Bedenkzeit. Fällt Ihnen bis dahin der Name nicht ein, ist es besser, jetzt als später zu fragen.

Gesichter verknüpfen

Um sich Gesichter besser merken zu können, müssen Sie erst einmal das Gesicht genauer betrachten. Denn wer sich an ein Gesicht nicht erinnert, hat nicht genau genug geschaut. Stellen Sie sich nachfolgende Fragen.

Checkliste: Gesichter betrachten

- Augen: groß oder klein?
- Augenfarbe?
- Augenbrauen: dünn oder buschig?
- Brille?
- Haarfarbe? (sofern vorhanden)
- Bart? Bartform?
- Frisur? Auffälligkeiten?
- Besonderheiten des Gesichts?
- Nase: schmal oder breit, kurz oder lang?
- Wangen: dick oder eingefallen?
- Kinn: groß oder klein? Doppel- oder Hängekinn?
- Lippen: voll oder schmal?
- Gesichtsform: rund oder schmal?
- Schlanker, sehniger Nacken oder Stiernacken?

Wenn Sie sich das Gesicht bewußt angeschaut haben, haben Sie schon fast gewonnen. Verknüpfen Sie noch die Gesichtsbesonderheiten mit einem für Sie deutlichen Bild: Boxernase, Adlernase, Kulleraugen und Babyface, energisches Kinn, Brauen à la Waigel, Brillenschlange, Fettwanst, Kußmund, Pickelface usw. Überzeichnen Sie das Gesicht in Ihrem Innern ruhig zur Karikatur; dann treten die Besonderheiten schärfer hervor. Sie brauchen ja deswegen von Ihrem Gegenüber nicht schlechter zu denken. Verbinden Sie das Gesicht mit Ihnen bekannten Gesichtern von Filmschauspielern (von Julia Roberts bis Arnold Schwarzenegger), mit Moderatoren, mit Kollegen, Freunden.

Eine so genaue Betrachtung braucht etwas Übung: Versuchen Sie beim nächsten Film im Fernsehen oder im Kino, sich das Gesicht des Helden oder der Heldin einzuprägen. Versuchen Sie nach dem Film, sich das Aussehen möglichst exakt vor Ihr inneres Auge zu holen.

Auch eine Art der Verknüpfung, die Ihrem Gehirn beim Speichern hilft: Vergleichen Sie das Gesicht Ihres Gegenübers – oder auch nur Teile daraus – mit Filmstars, Politikern, Sportlern.

Hände und Haut helfen Ihnen

Wenn das Gesicht wenig Markantes hergibt, dann schauen Sie genauer auf die Hände: Ein Blick – und Sie haben meist genug Verknüpfungspunkte für Ihr Gedächtnis: Schmale, feingliedrige Hände oder dicke Pratzen? Gepflegte Hände oder schmutzige, abgebrochene Fingernägel? Kurze oder lange Fingernägel? Kräftige Klavierspielerfinger oder Spinnenfinger? Marotten wie ein abgespreizter kleiner Finger oder andauerndes Fingerspiel?
Auch ein bewußter Blick auf die Haut Ihres Gegenübers kann Bemerkenswertes zutage liefern: Bleiche, blasse Haut oder braun gebrannt? Rote Weintrinkerhaut oder behaart? Hautausschlag? Oder Schmuck? Ehering? Ohrringe?
Sie sehen, es gibt zahllose Möglichkeiten, Ihr Gegenüber für Ihr Gedächtnis »dingfest« zu machen.

Gehirnjogging 2

Logische Fortsetzungen

Setzen Sie bitte die folgenden Reihen fort. Das Ergebnis sowie die Struktur, nach der die Reihe funktioniert, finden Sie auf Seite 78.

Fortsetzungsreihen

- 8 10 12 14 16 ___
- 4 5 7 10 14 19 ___
- 5 8 7 10 9 12 ___
- 25 20 16 13 11 ___
- 3 7 4 8 5 9 ___
- 1 4 9 16 25 ___

Bei diesen Mathematikaufgaben kommt es auf das Erkennen der Struktur an, die der Reihe zugrunde liegt – auf jede Zahl einer Reihe kommt man durch die gleiche Rechenoperation.

Ergänzen Sie bitte die folgenden Reihen. Ergebnis und Struktur wieder auf Seite 78.

Ergänzungsreihen

- 10 12 8 10 ___ 8 4
- 17 16 32 31 ___ 61 122
- 1 3 9 27 ___ 243 729

Für die letzten beiden Reihen brauchen Sie schon ein paar Mathematikkenntnisse. Wenn Sie die nicht haben – macht nichts. Über Ihr Gedächtnis oder Ihre Intelligenz sagt das gar nichts aus. Probieren Sie es mit der nächsten Übung.

Rückwärts lesen

Lesen Sie bitte die folgenden Zeilen rückwärts:

mrof ni llenhcs eis nemmok gniggojnriheg tim

eilimaf eznag eid rüf galrev red – tsewdüs

retla sedej rüf gniniartsinthcädeg

ein neger mit gazellez tgaz im neger nie

Können Sie rückwärts lesen? Wenn Sie sich ganz viel zutrauen, drehen Sie das Buch auf den Kopf und lesen dann die Beispiele von rechts nach links!

Landkarten erinnern

Prägen Sie sich diese Staatenkarte von Südamerika gut ein. Dann zählen Sie bitte schnell von 60 zurück nach null. Dann umblättern und die behaltenen Staatennamen einsetzen.

Sprachen und Vokabeln leichter lernen

Egal, ob Sie im Schulunterricht Englisch, Französisch oder eine andere Sprache systematisch über Jahre lernen oder ob Sie kurz vor Urlaubsbeginn noch schnell etwas Italienisch oder Spanisch mitnehmen wollen – gehen Sie planvoll vor, und vermeiden Sie stures Pauken.

Bedeutungen verknüpfen

Erinnern geht in allen Sprachen gleich. Ob Sie sich einen muttersprachlichen Begriff oder eine fremdsprachige Vokabel einprägen wollen, der Weg geht über Verknüpfung. Suchen Sie in Ihrer Muttersprache oder bei den bereits gelern-

Tragen Sie hier die Namen der Staaten ein, die Sie behalten haben. Na, wie viele sind's?

ten Wörtern Anknüpfungspunkte: Französisch »fenêtre« klingt schon so ähnlich wie das deutsche »Fenster«. Das englische »window« kennen Sie vom Computer her. Das niederländische »venster« oder »raam« macht Ihnen dann keine Probleme (Anknüpfung: Fensterrahmen).

Suchen Sie sich Ihre Verknüpfungspunkte, wo immer es Ihnen leicht fällt.

Verknüpfungen bei fremden Sprachen

- In Ihrem Fremdwortschatz (»Audiovisuelle Rezeption«)
- Im Lateinischen oder Griechischen (Eidetiker von griechisch »eidos«, das Bild)
- Beim Computer (von »Hit the Escape key« bis »Unexpected Error«)
- Bei kulinarischen Gerichten (von »Pizza Quattro Stagioni« bis »Spaghetti Vongole«)

- Bei ähnlichen, bereits bekannten Wörtern (von »international«, »zwischen den Nationen« bis »interregional«, »zwischen den Regionen« oder »interdisziplinär«, »zwischen den Disziplinen; Fachgebieten«)
- Oder bei Urlaubsorten, Namen von Bekannten oder weltberühmten Katastrophen.

Wie beim schulischen Stundenplan: Strukturieren Sie Ihren Lernablauf in kleinen Schritten. Beispiel: 45 Minuten lernen, 15 Minuten Pause.

Erstellen einer Lernkartei

Ein altbekannter, aber noch immer wirksamer Weg zu schnellerem Lernen ist die Lernkartei. Besorgen oder basteln Sie sich einen Karteikasten mit verschiedenen Fächern. Schreiben Sie die fremdsprachigen Vokabeln auf die eine Seite der Karteikarten, die deutsche Bedeutung auf die Rückseite. Schon durch das Schreiben der Vokabeln wird Ihr visuelles Gedächtnis aktiviert.

Stecken Sie alle neuen Kärtchen in das hinterste, erste Fach des Kastens. Nehmen Sie die Kärtchen einzeln heraus, und lesen Sie die fremdsprachigen Wörter. Wenn Sie die Bedeutung wissen, dürfen Sie das Kärtchen in das nächste Fach stellen. Andernfalls geht das Kärtchen ins hinterste Fach zurück. So geht das über zahlreiche Runden weiter.

Mit der Lernkartei erreichen Sie eine präzise Sortierung der Kärtchen nach Ihrem Wissensstand. Je leerer die hinteren Kästchen und je voller die vorderen, um so mehr haben Sie sicher gelernt. Besonders hilfreich ist dabei, daß genau diejenigen Kärtchen im ersten Kästchen übrigbleiben, die Sie noch immer nicht gelernt haben. Suchen Sie sich für diese schweren Vokabeln besonders Verknüpfungspunkte. Manchmal reicht es am Ende bereits, daß Sie wissen »Dies war das besonders schwere Wort aus dem ersten Kästchen« – und schon wissen Sie auch seine Bedeutung.

> **Das Aufschreiben – hier auf Karteikärtchen – zwingt das Gehirn zur intensiven Aufnahme. Vielleicht kennen Sie das Phänomen aus der Schule: Wenn man seinen Spickzettel ein paarmal, immer kleiner und besser getarnt, abschreibt, hat man den Lernstoff intus und den kleinen Betrug nicht mehr nötig.**

Gehirnjogging 3

Begriffe erinnern

Lesen Sie folgende Liste genau, und prägen Sie sich die Begriffe ein.

- Baum, Haus, Straße, Mädchen, Rucksack, Amerika, Kilimandscharo, Känguruh, Eisdiele, Superman.

Bitte legen Sie das Buch beiseite, und zählen Sie von 60 zurück nach Null. Dann nennen Sie alle Begriffe, an die Sie sich erinnern. Schummeln gilt nicht!

Na, konnten Sie alle zehn Begriffe nennen? Wenn es noch nicht so perfekt geklappt hat, können Sie sich schnell eine Geschichte um die Begriffe zurechtzimmern. Beispielsweise:

»Zwischen dem riesigen Baum und dem winzigen Haus verläuft eine kleine Straße. Ein Mädchen mit Rucksack tritt heraus: Sie will nach Amerika, den Kilimandscharo erklettern und die Känguruhs sehen. (Das Mädchen ist dumm, denn der Kilimandscharo liegt in Afrika, und es laufen keine Känguruhs, sondern Elefanten dort herum.) Als das Mädchen den Kilimandscharo nicht findet, geht sie frustriert in eine Eisdiele und beginnt mit Superman zu flirten.«

Jetzt bekommen Sie sicherlich alle Begriffe zusammen. Suchen Sie sich dann andere Begriffe – bitte nach dem Zufallsprinzip auswählen! – und wiederholen Sie das Spielchen.

Mit Symbolen rechnen

2 Häuser	+	1 Vogel				=	10
1 Vogel	+	1 Fisch	+	1 Baum		=	10
1 Vogel	+	1 Baum	+	1 Haus		=	9
1 Haus	+	2 Vögel				=	8
1 Haus	+	1 Fisch	+	1 Baum		=	12
1 Vogel	+	1 Baum	+	1 Haus		=	9

Welchen Wert haben die Symbole? Lösung auf Seite 62.

Haus	+	Haus	+	Vogel	=	10
Vogel	+	Fisch	+	Baum	=	10
Vogel	+	Baum	+	Haus	=	9
8		12		9		

Gehirntraining im Alltag

Sie müssen nicht befürchten, daß Sie das hier vorgeschlagene Gehirntraining viel Zeit kostet. Wenn Sie gerade mal fünf bis

TIP:

Suchen Sie sich einen Lernpartner! Oft geht das Lernen viel besser und leichter, wenn Sie mit einem Lernpartner zusammenarbeiten. Motto: Getrennt lernen, aber zusammen wiederholen, abfragen, testen. Zur Belohnung gibt's dann einen kleinen Plausch.

LÖSUNG ZU
»MIT SYMBOLEN
RECHNEN«:
Haus = 4, Vogel = 2,
Baum = 3, Fisch = 5.

zehn Minuten täglich dafür aufwenden, werden Sie schon bald einen Erfolg »merken«. Wenn Sie Lust dazu haben, dann sind ein paar isometrische Übungen oder ein wenig Gymnastik eine ideale Ergänzung hierzu.

Nutzen Sie vor allem die täglichen »Totzeiten«, beispielsweise im Stau, im Bus oder im Zug, wenn Sie in irgendeiner Schlange anstehen, vor der Kasse im Supermarkt, vor dem Bahnhofsschalter, bei der Essensausgabe, auf der Toilette (warum nicht?), bei der Küchenarbeit, beim Bügeln (anstelle des Fernsehers oder Radios), beim Autoputzen, kurz: bei jeder monotonen Tätigkeit.

Noch ein Gedächtnistraining: Schauen Sie sich Ihre Mitreisenden in öffentlichen Verkehrsmitteln genau an. Können Sie sich nach ein, zwei und drei Minuten noch präzise daran erinnern?

Gedächtnisübungen für jede Situation

- Kopfrechnen: 21:5, 17*4, 115:21
- Bilden Sie neue Wörter aus einem beliebigen Basiswort: »aktuell« = alle, Akte, All, Tau, Luke, Ulla usw.
- Lesen Sie Reklamesprüche rückwärts.
- Versuchen Sie, beim U-Bahnfahren alle oder einige Stationsnamen vorwärts und rückwärts aufzusagen.
- Merken Sie sich drei Autokennzeichen und versuchen Sie, sich in ein, zwei und drei Minuten daran zu erinnern.
- Versuchen Sie, die Schlagzeilen aus der Zeitung Ihres Gegenübers auf dem Kopf zu lesen.
- Hören Sie die Kurznachrichten aufmerksam. Wie viele Meldungen wissen Sie nach einer Minute noch?
- Wissen Sie noch, welche Staus nach den Kurznachrichten gemeldet wurden?
- Versuchen Sie, Ihre Einkaufsliste auswendig aufzusagen.
- Gehen Sie »im Kopf« durch Ihre Stadt oder Ihren Stadtteil und benennen Sie alle vorkommenden Straßen mit deren Namen. (Die »Straße mit Eisdiele und der Reinigung« gilt nicht!)

Hilfsmittel fürs Training

Der Computer als Gedächtnistrainer

Sie suchen einen geduldigen Trainer für Ihr Gedächtnis? Und Sie gehören zu den computerbegeisterten Zeitgenossen? Dann ist vielleicht das Programm GEDTRAIN die ideale Lösung. GEDTRAIN bietet einen Lernkreislauf von der Motivation über die Erarbeitung neuer Inhalte bis zur Aktivierung des Gelernten durch Wiederholung. Der Lernvorgang wird mit der Ihnen nun schon bekannten Verknüpfungsmethode, mit der Zuordnung von Zahlen zu Formen und Klängen unterstützt. Ein Lernspiel rundet das Programm ab. Die Begleitfigur des »Neurinchens« eröffnet auch Kindern einen lockeren und spielerischen Umgang mit GEDTRAIN.

Das Programm läuft auf jedem MS-DOS-Personalcomputer mit Farbmonitor und Maus. Eine Benutzerlizenz kostet 128 DM (zu beziehen bei: COBIT GmbH, Robert-Bosch-Straße 23, 88400 Riedlingen, Telefon 0 73 71/93 44-0, Fax 073 71/93 44 44).

Gesellschaft für Gehirntraining

Weitere Informationen und Materialien zu diesem Thema bekommen Sie bei der »Gesellschaft für Gehirntraining e.V.«, 85560 Ebersberg, Telefon 080 92/241 24.

Gedächtnistricks

Was aber tun, wenn Sie morgen dies oder das auf keinen Fall vergessen dürfen? Wenn es zu spät ist für jegliches Gedächtnistraining? Wenn Sie auf der Suche nach einem Gedächtnis-Erste-Hilfe-Kasten sind, dann finden Sie vielleicht hier den richtigen Vorschlag.

Computerspiele können ein gutes Gedächtnistraining sein – vorausgesetzt, es sind die richtigen. Wenn Sie also einen Rechner besitzen und ihn gerne benützen – die Auswahl ist groß.

Verstellen Sie sich den Weg

Stellen Sie denjenigen Gegenstand, den Sie morgen unbedingt mitnehmen müssen, mitten in den Weg, beispielsweise vor die Wohnungstür oder auf den Küchentisch oder neben die Autoschlüssel. Es muß nur eine Stelle sein, an der Sie morgen todsicher auch vorbeikommen.

Ein Zettel am Spiegel

TIP:
Überprüfen Sie die Zeiteinstellung Ihres Computers und auch das Datum, bevor Sie Termine programmieren. Die Computeruhren gehen oft katastrophal ungenau.

Schreiben Sie sich einen Merkzettel, und hängen Sie ihn beispielsweise an den Badezimmerspiegel oder an den Garderobenspiegel. Ebenfalls wieder eine Stelle, die Sie sicher nicht übersehen.

Notiz an der Armbanduhr

Befestigen Sie eine Notiz an Ihrer Armbanduhr. Manchmal tut's auch allein ein Gummiband, um Sie daran zu erinnern. Oder tragen Sie Ihre Uhr am »falschen« Handgelenk.

Computerhilfe

Falls Sie täglich mit Computern zu tun haben, sollten Sie sich vielleicht doch einmal mit dem Terminkalenderprogramm beschäftigen. Viele Computeranwender besitzen ein solches Prögrämmchen (z. B. in Windows), nutzen es jedoch selten bis nie. Ihr Rechner wird Sie präzise mit akustischen und optischen Zeichen erinnern.

Der Zahnbürstentrick

Sie können auch wichtige Dinge oder Notizen an Ihrer Zahnbürste befestigen. Oder an der Kühlschranktür. Oder an der Wohnungs- oder Haustür.

Der Fernsehertrick

Sie könnten Ihre wichtige »Nicht-vergessen-Notiz« auch an den Fernseher oder an die Fernbedienung hängen.

Der Trick mit dem Anrufbeantworter

Wenn Ihnen unterwegs oder im Büro etwas einfällt, was Sie zu Hause keinesfalls vergessen dürfen – rufen Sie Ihren Anrufbeantworter zu Hause an, und sprechen Sie sich eine Nachricht aufs Band.

Erinnerungen deponieren

Jetzt können Sie das Ganze wiederholen, ohne auf echte Erinnerungsstücke angewiesen zu sein. Stellen Sie sich Ihren ganz vertrauten Weg zur Schule, in die Arbeit, zu Ihren Eltern, Kindern oder zu Ihrer Wohnung vor. Gehen Sie im Geiste den ganzen Weg entlang. An markanten Punkten, an denen Sie immer vorbeikommen müssen, legen Sie »Merkzettel« ab – nur im Geist, versteht sich. Wenn Sie dann tatsächlich dort vorbeikommen, fällt Ihnen Ihr »Merkzettel« wieder ein. Sie können an markanten Gebäuden, wichtigen Läden, Türeingängen, Wegpunkten Ihre persönlichen Memos ablegen.
Beispiele: Merkpunkt Bushaltestelle – Kleider in der Reinigung abholen. Merkpunkt Rathaus – Formulare ausfüllen. Merkpunkt Autobahnkreuz – Bäcker nicht vergessen!

Der Mensch ist ein Gewohnheitstier. Diese Eigenschaft können Sie sich zunutze machen, wenn Sie bestimmte Dinge nicht vergessen wollen. Verknüpfen Sie sie einfach mit Orten, an denen Sie immer vorbeikommen, mit Dingen, die Sie immer benutzen.

Beobachten Sie sich!

Wenn Sie häufig Dinge verlegen – Ihren Schlüssel, Ihre Geldbörse, Ihre Brille –, beobachten Sie einmal ganz genau den Weg, auf dem Sie Ihre Wohnung betreten oder verlassen! Meist liegt das Gesuchte an der gleichen Stelle.

Denkspiele und Rätsel

Lassen Sie sich auf den nächsten Seiten ein paar Lichter aufgehen. Viel Spaß beim Üben!

Bevor Sie beginnen: Machen Sie sich einmal bewußt, was Sie am meisten ablenkt und in Ihrer Konzentration stört. Das Telefon? Lärm auf der Straße? Viele Störquellen lassen sich von Ihnen beseitigen. Oder Sie gehen zum Lernen an den nächsten Badesee.

Überraschendes und Unterhaltendes

Ein schlechtes Geschäft

Sechs Studenten machen einem Gastwirt folgendes Angebot: »Wir zahlen Ihnen 3000 Mark, wenn wir dafür so oft alle ein warmes Mittagessen erhalten, wie es uns gelingt, eine andere Sitzordnung einzunehmen.« Der Wirt, den jedes Essen nur zwei Mark kostet, vermutet ein gutes Geschäft und ist einverstanden.

Frage: Wieviel hat der Wirt bei diesem Geschäft gewonnen oder verloren? Die Lösung finden Sie auf Seite 78.

Das Rätsel mit dem Bären

Ein Teilnehmer einer Expedition berichtet: »Ich ging einen Kilometer nach Süden, dann einen Kilometer nach Osten. Nach einem weiteren Kilometer nach Norden war ich wieder auf meiner Ausgangsstelle. Dort traf ich nun auf einen Bären.« Die Frage lautet: Welche Farbe hatte der Bär?

Was sich anhört wie eine Scherzfrage für Kinder, hat einen ernstzunehmenden mathematischen Hintergrund. Um die Frage zu beantworten, müssen Sie herausfinden, wo ein solch eigenartiger Wegverlauf überhaupt möglich ist, bei dem man nach Durchlaufen von drei rechten Winkeln wieder an seinem Ausgangsort angelangt ist. Haben Sie schon eine Idee? Die Lösung finden Sie auf Seite 79.

Wägen Sie gut ab!

Gegeben sind neun Kugeln mit völlig identischer Größe und gleichem Aussehen. Eine der Kugeln ist jedoch leichter als die anderen acht.
Ihnen steht nur eine einfache Balkenwaage mit zwei Waagschalen zur Verfügung, und Sie dürfen nur zweimal wiegen. Wie finden Sie die leichtere Kugel heraus? Die Lösung finden Sie auf Seite 79.

Erst denken, dann rechnen

Frage: Wieviel ist ein Drittel von 100 plus die Hälfte dieses Drittels von 100?
Die Lösung finden Sie auf Seite 79.

Die Bitte um Geld

Ein englischer Student war in großen Geldnöten und schickte seinem Vater folgendes Telegramm:
SEND MORE MONEY (Schicke mehr Geld).
Der Vater hatte zwar volles Verständnis für die Nöte seines Sohnes, wollte es ihm jedoch nicht so einfach machen. Er nahm Schere und Kleber und wandelte das Telegramm in folgende Form um:

$$\begin{array}{r} \text{SEND} \\ + \text{MORE} \\ \hline = \text{MONEY} \end{array}$$

Dazu teilte er seinem Sohn mit: »Wenn Du diese Aufgabe richtig löst, bekommst Du das gewünschte Geld. Gelingt Dir die Lösung nicht, dann mußt Du wohl arbeiten gehen.«
Die Lösung finden Sie auf Seite 79.

Betrachten Sie eine Landkarte der Bundesrepublik Deutschland etwa fünf bis zehn Minuten lang. Konzentrieren Sie sich auf die großen Städte. Legen Sie die Karte weg. Wie lauten die Hauptstädte der 16 Bundesländer? Lösung auf der nächsten Seite.

LÖSUNG ZU AUFGABE
SEITE 67:

Kiel, Bremen, Hamburg,
Schwerin, Hannover,
Magdeburg, Potsdam, Berlin,
Düsseldorf, Erfurt, Dresden,
Saarbrücken, Mainz,
Wiesbaden, Stuttgart,
München.

Königstochter zu gewinnen

Ein reicher König hatte in seiner Schatzkammer zehn Säcke mit Gold. Alle Säcke waren gleich schwer und enthielten nur Goldkörner mit fünf Gramm Gewicht. Eines Tages wurde ein Sack Gold gestohlen und durch einen neuen Sack mit vier Gramm schweren Goldkörnern ersetzt. Der König bemerkte den Austausch.

Zufällig kam an diesem Tag ein junger Königssohn und hielt um die Hand der Königstochter an. Der König erzählte ihm von dem Betrug und sagte: »Wenn du mir nach nur einer Wägung sagen kannst, welcher Sack der leichtere ist, sollst du meine Tochter zur Frau erhalten.«

Die Lösung finden Sie auf Seite 80.

Eine merkwürdige Grabinschrift

Einer bekannten Legende zufolge ist auf dem Grabstein des griechischen Mathematikers Diophantos zu lesen:

Hier dies Grabmal deckt Diophantos, ein Wunder zu schauen.
Durch die rechnende Kunst, lehrt sein Alter der Stein.
Knabe zu sein verlieh ein Sechstel des Lebens ein Gott ihm.
Fügend ein Zwölftel hinzu, ließ er ihm sprossen die Wang'.
Steckte ihm an nach drei Siebteln die Fackel der Hochzeit,
Und fünf Jahre später teilt' er ein Söhnlein ihm zu.
O unglückliches Kind. Halb hatt' es des Vaters
Alter erreicht, da nahm's der Hades, der Schaurige, auf.
Nach vier Jahren, den Schmerz durch die Zahl besänftigt,
Langte am Ziele des Seins endlich er selber auch an.

Was können Sie aus dieser Grabinschrift über den Lebenslauf von Diophantos sagen? Rechnen Sie der Einfachheit halber nur mit ganzen Jahren.

Die Lösung finden Sie auf Seite 81.

Das magische Quadrat Albrecht Dürers

Albrecht Dürer schuf 1514 einen Kupferstich mit dem Titel »Die Melancholie«. Darin findet sich eines der berühmtesten magischen Quadrate.

Albrecht Dürer (1471–1528) hat in seinem Kupferstich »Melancholie« unzählige Anspielungen auf die Kultur und Wissenschaft seiner Zeit untergebracht.
Das »magische Quadrat« (rechts oben) ist ein mathematisches Kunstwerk.

16	3	2	13
5	10	11	8
9	6	7	12
4	15	14	1

Bilden Sie die Quersumme von Ziffernfolgen, die Ihnen in Fleisch und Blut übergegangen sind, beispielsweise von Ihrem Geburtsdatum oder Ihrer Telefonnummer: 24.10.1954 = 2+4+1+0+1+9+5+4 = 26 oder 089/431 89-620 = 0+8+9+4+3+1+8+9+6+2+ 0 = 50.

Auf die 16 Felder sind die Ziffern von 1 bis 16 verteilt. Wie Sie leicht nachrechnen können, bilden die senkrechten, waagrechten und diagonalen Reihen jeweils die Summe 34. Aber das ist noch nicht alles. Bei näherer Betrachtung werden Sie feststellen, daß auch die Summe der Zahlen in den vier Ecken den Wert 34 ergeben. Und auch die Zahlen im Inneren des Quadrats ergeben dieselbe Summe. Und selbst die »Unterquadrate« (jene Vierergruppen, die sich bei einer Viertelung des Quadrats ergeben) beinhalten wiederum die Summe 34. Auch die beiden mittleren Zahlen der obersten und untersten Reihe ergeben ebenso 34 wie die beiden mittleren Zahlen der linken und rechten Spalte.

Damit, so meint man, sollten doch alle Möglichkeiten erschöpft sein. Dürers Wunderwerk birgt aber noch weitere Möglichkeiten: Legt man eine drachenförmige Figur auf Dürers Quadrat, so ergeben sich weitere Möglichkeiten, die Summe 34 zu erzeugen. Die lange Spitze der Drachenfigur muß allerdings nach oben oder unten zeigen.

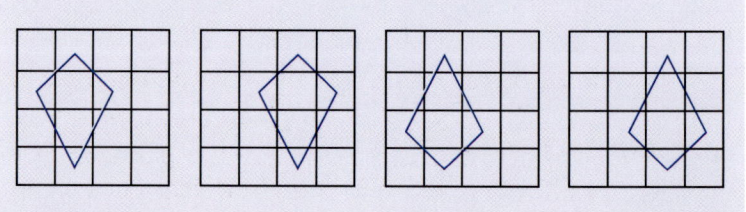

Wenn Sie nun meinen, die hier vorgeführten 20 Möglichkeiten, um die Summe 34 zu bilden, seien erschöpfend, dann irren Sie sich. Insgesamt gibt es 86 Wege zur Summe 34. Suchen Sie doch selbst weitere!

Rechnen Sie sich fit!

Zu einer beliebigen Zahl werden 11 hinzugezählt, das Ergebnis wird verdoppelt, und davon werden 20 abgezogen. Dieses Resultat wird jetzt mit 5 multipliziert. Merken Sie sich das Ergebnis gut im Kurzzeitgedächtnis.

Gehen Sie noch einmal zu Ihrer Ausgangszahl zurück und multiplizieren Sie sie mit 10 (einfach Null anhängen).

Das Ergebnis der Multiplikation ziehen Sie nun von der gemerkten Zahl ab und erhalten – sofern Sie sich nicht verrechnet haben – immer das Ergebnis 10!

Die ideale Rechenübung für Ihr Gehirnjogging zwischendurch, im Stau oder in der Bahn.

Für visuelle Gedächtnistypen hier noch die Formel:

$$((n + 11) * 2 - 20) * 5 - (n * 10) = 10$$

n ist Ihre beliebige Anfangszahl.

Der Esel und das Maultier

Ein Esel und ein Maultier trotten in glühender Mittagshitze durch das Land. Beide sind mit Weinfässern beladen. Der Esel beklagt sich über seine schwere Last. Darauf antwortet das Maultier: »Du hast wahrlich keinen Grund, dich zu beklagen. Wenn von deiner Last nur ein Faß zu meiner Last hinzukäme, dann trüge ich doppelt so viele Fässer wie du. Würdest du dagegen von meiner Last ein Faß übernehmen, dann hätten wir beide gleich schwer zu tragen. Also trag – und schweig.« Der Esel rechnete nach – und war zufrieden. Die Frage an Sie lautet: Wie viele Fässer trägt der Esel und wie viele das Maultier? Die Lösung finden Sie auf Seite 81.

Betrachten Sie eine Landkarte von Europa, und konzentrieren Sie sich auf die großen Städte. Karte weglegen. Wie lauten die Hauptstädte aller 15 (!) EU-Staaten? Nennen Sie drei Nachbarstaaten der EU. Lösungen auf der nächsten Seite.

LÖSUNGEN ZU AUFGABE
SEITE 71:
*Dublin, London,
Kopenhagen, Stockholm,
Helsinki, Amsterdam,
Brüssel, Luxemburg, Paris,
Berlin, Wien, Lissabon,
Madrid, Rom, Athen.
Nachbarstaaten sind z. B.
Schweiz, Norwegen, Ungarn,
Tschechische Republik, Polen.*

Der falsche Fuffz'ger

Ein Herr betrat ein Hutgeschäft, schaute sich um, probierte mehrere Hüte aus und entschied sich für ein Sonderangebot für 20 DM. Er bezahlte mit einem funkelnagelneuen 50-DM-Schein.

Der Verkäufer konnte nicht wechseln, ging mit dem 50-DM-Schein kurz in die benachbarte Bäckerei und kam mit fünf 10-DM-Scheinen wieder zurück. Davon gab er dem Käufer 30 DM und legte 20 DM in seine Kasse. Der Käufer dankte und ging mitsamt Hut von dannen.

Kurz darauf kam der Bäcker aufgeregt ins Hutgeschäft und klagte, daß der 50-DM-Schein eine Fälschung sei. Seufzend gab der Hutverkäufer dem Bäcker einen echten 50-DM-Schein aus seiner Kasse.

Frage: Wie hoch ist der Schaden des Hutverkäufers?
Lassen Sie sich nicht irritieren und rechnen Sie einfach den Kassenbestand des Hutverkäufers bei der ganzen Transaktion nach.
Die Lösung finden Sie auf Seite 82.

Großer Hunger

In eine gutbürgerliche fränkische Gaststätte kamen drei Brüder zum Essen. Sie bestellten Braten mit vielen Klößen. Der Wirt brachte eine Riesenschüssel mit Klößen. Nacheinander aßen die Brüder:

Der erste Bruder aß ein Drittel aller Klöße in der Schüssel, der zweite Bruder ein Drittel der verbliebenen Klöße und der dritte Bruder erneut ein Drittel vom Rest.

Als sie fertig gegessen hatten, waren noch acht Klöße in der Schüssel.

Wie viele Klöße hatte jeder der Brüder gegessen?
Die Lösung finden Sie auf Seite 82.

Liebe macht erfinderisch

Ein Junge und ein Mädchen sind ineinander verliebt. Obwohl sie in der gleichen Straße in gegenüberliegenden Häusern wohnen, dürfen sie nicht zueinander, weil es ihre Eltern verbieten. Deswegen geben sie sich jeden Abend Lichtzeichen von Fenster zu Fenster. Im Fenster des Jungen stehen vier Laternen unterschiedlicher Farbe. Wieviele verschiedene Signale kann er seinem Mädchen geben, wenn er die Farben in ihrer Reihenfolge umsortiert und dabei auch die Zahl der Laternen von eins bis vier miteinbezieht?

Die Lösung finden Sie auf Seite 82.

Versuchen Sie mal, alle Meldungen aus den Radio- oder TV-Nachrichten nach der Sendung zu wiederholen (Stichworte genügen). Sie werden sehen, daß das gar nicht so einfach ist. Versuchen Sie im Laufe der Zeit, Ihre Ergebnisse zu steigern.

Von der Pyramide zum Kreis

Legen Sie sechs Münzen zur Form einer Pyramide. Wie können Sie die Pyramide nun in einen Kreis umformen, indem Sie nur zwei Münzen bewegen? Die Lösung finden Sie auf Seite 82f.

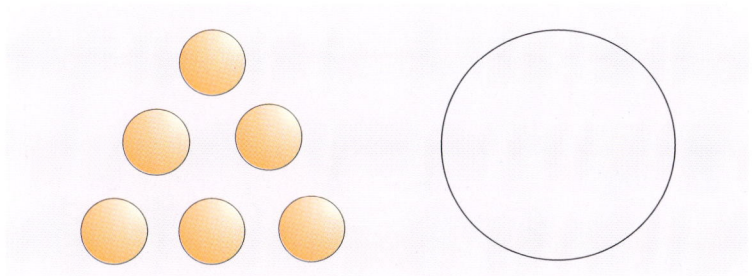

Testen Sie Ihre Rangierkünste

Haben Sie früher gerne Modelleisenbahn gespielt? Dann wird Ihnen diese Knobelei gefallen.

Stellen Sie sich eine einspurige Strecke vor; es kommt Zug A, dahinter Zug B. Jeder Zug besteht aus der Lokomotive und zwei Wagen. Durchnumeriert heißt das: A1, A2, A3 und B1,

B2, B3. Der Zug B muß Zug A überholen. Dafür steht jedoch nur ein Abstellgleis zur Verfügung, auf dem Sie rangieren können. Bedauerlicherweise reicht die Länge des Abstellgleises nur für zwei Wagen oder eine Lokomotive und einen Wagen oder zwei Lokomotiven. Wie lösen Sie die Aufgabe? Die Lösung finden Sie auf Seite 83f.

Die große Wanderung

Nehmen Sie sechs Münzen, je drei von gleicher Farbe. Zeichnen Sie sich eine Leiste von sieben Feldern. Etwa so:

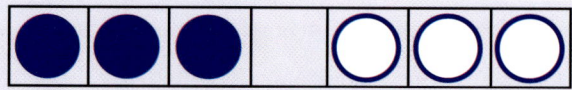

Legen Sie drei gleichfarbige Münzen auf die drei linken Felder, die drei anderen Münzen auf die drei rechten Felder. Ziel des Spiels ist es, die rechten Münzen nach links und die linken Münzen nach rechts zu bringen. Dabei dürfen Sie nie rückwärts gehen, immer nur auf das nächste freie Feld ziehen oder über ein (!) besetztes Feld springen.
Dieses Spiel hat weder Gewinner noch Verlierer. Es dient allein Ihrem Gehirntraining und Ihrer Unterhaltung. In 15 Zügen kann das Spielziel erreicht werden.
Die Lösung finden Sie auf Seite 85.

Ein langes Hin und Her

Ein Radler startet um 7 Uhr von Köln nach Bonn. Zur gleichen Zeit fährt ein zweiter Radler von Bonn los Richtung Köln. Beide radeln mit exakt 20 km/h aufeinander zu. Zugleich mit diesen Pedalrittern startet in Bonn eine Taube. Sie fliegt schnurstracks mit 30 km/h zum Radler aus Köln. Hat sie ihn erreicht, dreht sie sofort um und fliegt zum Bonner Radler. Hat sie diesen erreicht, dreht sie erneut um, um sofort wieder zum Kölner Radler zu fliegen. Dies tut sie so lange, bis die beiden Radler in der Mitte des Wegs aufeinandertreffen.

Die Frage ist nun nicht, was die Radler und die Taube zu ihrem komischen Tun veranlaßt, sondern welche Strecke die Taube vom Start bis zum Zusammentreffen der Radler zurückgelegt hat.

Tip: Sie können nun eine große Tabelle anlegen, aus der hervorgeht, wie sich der Abstand zwischen den Radlern von Minute zu Minute verkürzt, wo sie zu einem bestimmten Zeitpunkt waren, wie weit die Taube bei jedem Turnus fliegen mußte – und kommen sicherlich auch so zum richtigen Ergebnis. Nach Ihrem erfolgreichen Gehirntraining vermuten Sie sicherlich einen einfacheren Weg.

Die Lösung finden Sie auf Seite 84.

Ohne nachzusehen: An wie viele und an welche Staaten grenzt die Bundesrepublik Deutschland? Lösung auf der nächsten Seite.

Streichholzspiele

Streichholzspiele eignen sich vorzüglich, um die visuelle Vorstellung und damit auch das visuelle Gedächtnis zu trainieren. Deswegen sollen sie in dieser Sammlung nicht fehlen:

Erstes Spiel: Mit 15 Streichhölzern werden fünf Quadrate gebildet, wie Sie in der Abbildung unten sehen. Nachdem Sie nur drei Hölzchen weggenommen haben, sollen nur noch drei Quadrate übrigbleiben. Lösung auf Seite 85.

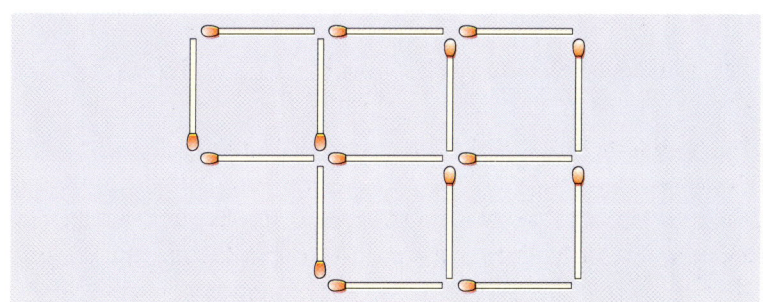

LÖSUNG ZU AUFGABE
SEITE 75:
*Neun. Dänemark,
Niederlande, Belgien,
Luxemburg, Frankreich,
Schweiz, Österreich,
Tschechische Republik, Polen.*

Zweites Spiel: Mit 16 Streichhölzern werden nun fünf Quadrate gebildet (siehe Abbildung). Legen Sie zwei Streichhölzer so um, daß aus den fünf Quadraten vier werden. Achtung: Alle 16 Hölzchen bleiben im Spiel. Lösung Seite 86.

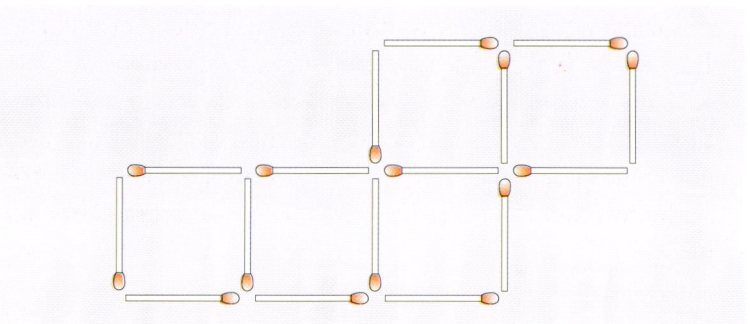

Drittes Spiel: Mit 20 Streichhölzern werden sieben Quadrate gelegt. Legen Sie drei Streichhölzer so um, daß fünf Quadrate entstehen. Auch hier bleiben alle Hölzchen im Spiel. Lösung Seite 86.

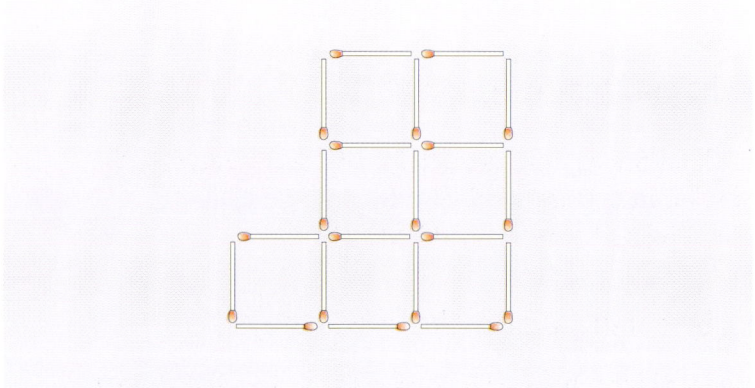

Viertes Spiel: Aus zwölf Streichhölzern werden vier Quadrate gelegt. Entfernen Sie nun zwei Hölzchen, so daß nur zwei Quadrate übrigbleiben. Lösung Seite 86.

Tip: Da die Ausgangsfigur quadratisch ist, bleiben Ihnen wenige Experimentiermöglichkeiten: Nehmen Sie zwei an einer Ecke zusammentreffende Hölzer weg, dann bleiben drei Quadrate übrig.

Es bleibt also nur die Überlegung, aus dem Inneren der Figur Hölzchen zu entfernen. Nehmen Sie zwei in der Waagrechten oder Senkrechten zusammenstoßende Streichhölzer weg, dann erhalten Sie zwei Rechtecke. Als letzte Möglichkeit bleibt somit nur, zwei Hölzer aus dem Inneren der Figur zu entnehmen, die im rechten Winkel zueinander liegen. Somit erhalten Sie zwei Quadrate (allerdings unterschiedlicher Größe).

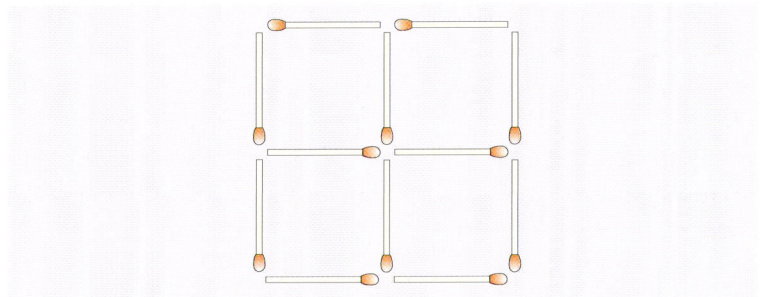

Acht mal acht ist tausend

Ordnen Sie auf einem Zettel achtmal die Ziffer 8 so an, daß die Summe genau 1000 ergibt.
Die Lösung finden Sie auf Seite 86.

Liebelei mit dem Taschenrechner

Viele Ziffern auf LED-Displays von Taschenrechnern können Sie als Buchstaben lesen, wenn Sie den Taschenrechner schlicht auf den Kopf stellen, z.B. die 1 als i, die 3 als e, die 4 als h, die 5 als s usw. Schreiben Sie das Wort »Liebelei« auf das Display. Die Lösung finden Sie auf Seite 86.

Haben Sie's gewußt?

Lösungen

Lösungen Gehirnjogging 2

Lösung von Seite 56 oben

Ergebnis: 18; Struktur: +2
Ergebnis: 25; Struktur: +n+1; n=1 bis 5
Ergebnis: 11; Struktur: +3, –1
Ergebnis: 10; Struktur: -(n–1); n=5 bis 0
Ergebnis: 6; Struktur: +4, –3
Ergebnis: 36; Struktur: n^2; n=1 bis 6

Lösung von Seite 56 unten

Ergebnis: 6; Struktur: +2, –4
Ergebnis: 62; Struktur: -1, *2
Ergebnis: 81; Struktur: 3^n; n=0 bis 6

Lösungen Denkspiele und Rätsel

Ein schlechtes Geschäft

Ein Student kann nur auf einer Position sitzen, zwei Studenten haben zwei Möglichkeiten (AB oder BA), drei Studenten bereits 2*3 = 6 Möglichkeiten (ABC, ACB, BAC, BCA, CAB, CBA) usw. Bei sechs Studenten gibt es 2 * 3 * 4 * 5 * 6 = 720 Möglichkeiten. Da den Wirt jedes Essen zwei DM kostet, hat er bei 720 Mahlzeiten für je sechs Studenten Kosten für 4320 Essen in Höhe von 8640 DM.

**Ein positiver Nebeneffekt:
Gehirnjogging stärkt
Ihr Immunsystem und
damit Ihre körpereigenen
Abwehrkräfte.
Depressionen und
Passivität haben dann
kaum noch eine Chance.**

Das Rätsel mit dem Bären

An den Polen der Erde ist es möglich, ausgehend vom Pol, einen solchen Wegverlauf zu beschreiben. Ausgangspunkt ist hier der Nordpol, von dort geht es einen Kilometer nach Süden, einen Kilometer nach Osten und zurück wieder einen Kilometer nach Norden.

Vom Nordpol aus kann man nur nach Süden gehen, vom Südpol aus nur nach Norden. In der Arktis gibt es die Eisbären (nicht jedoch in der Antarktis); und deren Fell ist weiß.

Wägen Sie gut ab!

Legen Sie in jede der beiden Waagschalen drei beliebige Kugeln. Sind die beiden Dreiergruppen gleich schwer, ist die gesuchte Kugel nicht darunter. Fahren Sie mit den restlichen drei fort: links eine und rechts eine Kugel. Sind sie gleich schwer, ist die gesuchte die letzte, noch nicht gewogene. Neigt sich die Waage nach einer Seite, wissen Sie es ebenfalls.

Neigt sich die Waage schon bei der ersten Wiegung der Dreiergruppen, muß die leichtere Kugel im entsprechenden Haufen sein. Fahren Sie nach dem gleichen Muster fort.

Erst denken, dann rechnen

Sie können jetzt zwar rechnen: 33,3333 + 16,6666 = 49,9999. Einfacher wäre es so: 1/3 = 2/6; 2/6 + 1/6 = 3/6 = 1/2. Und auch mit kurzem Nachdenken finden Sie: Es ist genau die Hälfte.

Die Bitte um Geld

Es ist offensichtlich, daß die Buchstaben für Ziffern stehen. Beginnen Sie beim M: Es muß gleich 1 sein, denn zwei ad-

Motivation entsteht durch Erfolgserlebnisse. Denken Sie sich selbst als positiv, dann werden Sie auch Lernerfolge finden. Mit der Haltung »Ich kann mir's ja doch nicht merken!« ist der Mißerfolg vorprogrammiert. Loben Sie sich selbst genug.

dierte vierstellige Zahlen ergeben höchstens 19 998. Damit sind schon die zwei Ms gelöst.

Da die Summe fünfstellig ist, muß unter diesen Umständen das O der Null entsprechen, das S dann der 9 (8 geht nicht, denn E + 0 kann nicht größer als 9 sein).

Wenn Sie jetzt etwas experimentieren, finden Sie bald die nächsten Buchstaben: N = 6, R = 8, E = 5. Das D muß dann 7 und das Y gleich 2 sein. Die vollständige Rechnung lautet dann:

$$\begin{array}{r} 9567 \\ + \ 1085 \\ \hline = 10652 \end{array}$$

Königstochter zu gewinnen

Der Königssohn numerierte zuerst alle zehn Säcke. Dann entnahm er dem ersten Sack ein Goldkorn, dem zweiten Sack zwei, dem dritten drei usw. und schließlich dem zehnten Sack zehn Körner. So hatte er 55 Körner, legte alle zusammen auf eine Waage, las das Gewicht ab – und nannte den gesuchten Sack.

Wie hatte der Königssohn das herausgefunden? Wären alle Körner fünf Gramm schwer, müßte ihr Gewicht genau 275 Gramm sein. Die Körner eines Sacks sind aber um ein Gramm leichter. Das Gesamtgewicht ist also um so viel Gramm unter 275 Gramm, wie leichtere Körner auf der Waage liegen.

Da er aus jedem Sack eine andere Körnerzahl entnommen hatte, konnte er aus der Differenz zu 275 Gramm den gesuchten Sack bestimmen. Beispiel: Beträgt das Gesamtgewicht statt 275 Gramm nur 270 Gramm, ist der fünfte Sack der gesuchte (fünf Gramm Differenz bedeuten fünf Körner mit je einem Gramm weniger). Überflüssig zu erwähnen, daß er die Tochter bekam.

Wenn Sie am Computer unter Windows arbeiten, dann kennen Sie mit Sicherheit die beiden Spiele Solitär (das Patience-Kartenspiel) und Minesweeper (Vorsicht Tretminen!). Der Erfolg beider Spiele kommt nicht von ungefähr: Auch hier finden Sie Konzentration und Entspannung.

Eine merkwürdige Grabinschrift

Diophantos wurde 84 Jahre alt, denn seine Lebenszeit muß durch 12 und 7 teilbar sein. Beide Zahlen besitzen kein gemeinsames Vielfaches, also muß man sie miteinander multiplizieren: 7 * 12 = 84. Die übrigen Lebensdaten lassen sich nun leicht errechnen: Bis 14 war Diophantos Kind, mit 21 wurde er erwachsen (Bartwuchs), im Alter von 36 heiratete er, bekam mit 41 einen Sohn, der im Alter von 40 starb.

Der Esel und das Maultier

Der Esel trägt nur fünf, das Maultier hingegen sieben Weinfässer.

Viele der klassischen – und neueren – Gesellschaftsspiele regen den Denkapparat auf unterhaltsame Weise an. Dabei muß man gar nicht zu Strategiespielen im engeren Sinn wie Schach oder Dame greifen. Auch Würfelspiele, die dem Zufall seinen Platz einräumen, können das Gehirn ordentlich fordern.

In Zeitschriften und Magazinen finden Sie viele große Titelschriften, die sogenannten Headlines. Nehmen Sie ein Blatt Papier (oder ein undurchsichtiges Lineal), und verdecken Sie die Schriftzeile. Ziehen Sie das Papier langsam nach unten, und versuchen Sie, die Schrift möglichst bald zu lesen. Spätestens bei der Hälfte der Schrifthöhe sollten Sie es geschafft haben.

Der falsche Fuffz'ger

Manche Menschen meinen, der Hutverkäufer hätte nicht nur durch die »Blüte« 50 DM Verlust, sondern auch den Hut verloren (20 DM) und dem Betrüger auch noch 30 echte DM mitgegeben. Der Schaden sei somit 100 DM. Lassen Sie sich nicht irritieren!

Tatsächlich hat der Hutverkäufer »nur« genau 50 DM verloren. Rechnen Sie den Kassenbestand nach: Nach der Aktion sind 30 DM weniger drinnen; zusätzlich ist der Hut weg.

Großer Hunger

Rollen Sie die Geschichte von hinten auf: Wenn am Schluß noch acht Klöße in der Schüssel lagen, muß der dritte Bruder vier gegessen haben – ein Drittel des Rests von zwölf. Nun können Sie es ausrechnen: erster Bruder neun, zweiter Bruder sechs, dritter Bruder vier Klöße.

Liebe macht erfinderisch

Der Junge verfügt über 58 verschiedene Signale. Sie können das leicht nachrechnen:

Nur eine Laterne brennt:	4 Signale
Zwei Laternen brennen:	12 Signale
Drei Laternen brennen:	18 Signale
Alle vier Laternen brennen:	24 Signale
Summe	58 Signale

Von der Pyramide zum Kreis

Verschieben Sie die mittlere Münze der unteren Reihe etwas nach rechts unten. Dann müssen Sie noch die Münze an der Pyramidenspitze in die unterste Reihe verschieben: Fertig!

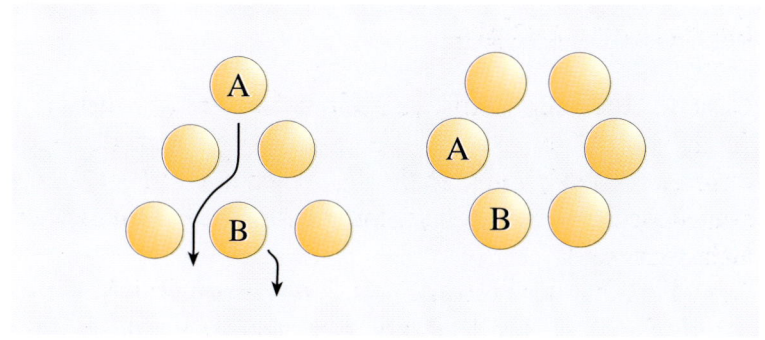

Testen Sie Ihre Rangierkünste

Es gibt hier zwei Lösungsmöglichkeiten: Teilung von Zug A oder von Zug B. Welche der beiden Lösungen Sie bevorzugen, bleibt sich dabei gleich; strukturell sind die beiden Lösungen ähnlich.

Zug A fährt mit Lokomotive und einem Wagen (A1 und A2) aufs Abstellgleis. Zug B (B1 bis B3) fährt vor und schiebt vor seiner Lok noch den Wagen (A3) von Zug A.

Zug A (A1 und A2) setzt zurück; daraufhin fährt auch Zug B (B1 bis B3) zurück und schiebt sodann den Wagen A3 aufs Abstellgleis. Zug B wieder zurück vom Abstellgleis und ein Stück nach vorne.

Zug A (A1 und A2) kann noch seinen Wagen A3 vom Rangiergleis zurückholen. Allerdings steht nun die Lok zwischen den Wagen A2 und A3 (Zugfolge ist A2, A1, A3). Zug B steht jedoch vollständig und in richtiger Reihenfolge auf dem freien Gleis.

Also muß Zug B nochmals zurück und den ersten Wagen (A3) von Zug A an seinen letzten Wagen (B3) ankoppeln. Zug A (A1 und A2) wieder aufs Abstellgleis, Zug B weit zurück, letzten Wagen (A3) abkoppeln, wieder weit vor – und Zug A kann zurückstoßen und seinen letzten Wagen (A3) wieder ankoppeln.

Die Aufgabe ist gelöst.

Eine Variante zu den verdeckten Headlines: Wenn Sie schon etwas Übung im Entziffern halbverdeckter Schriften haben, dann ziehen Sie mal das Papier nach oben weg. Dann wird's noch schwieriger.

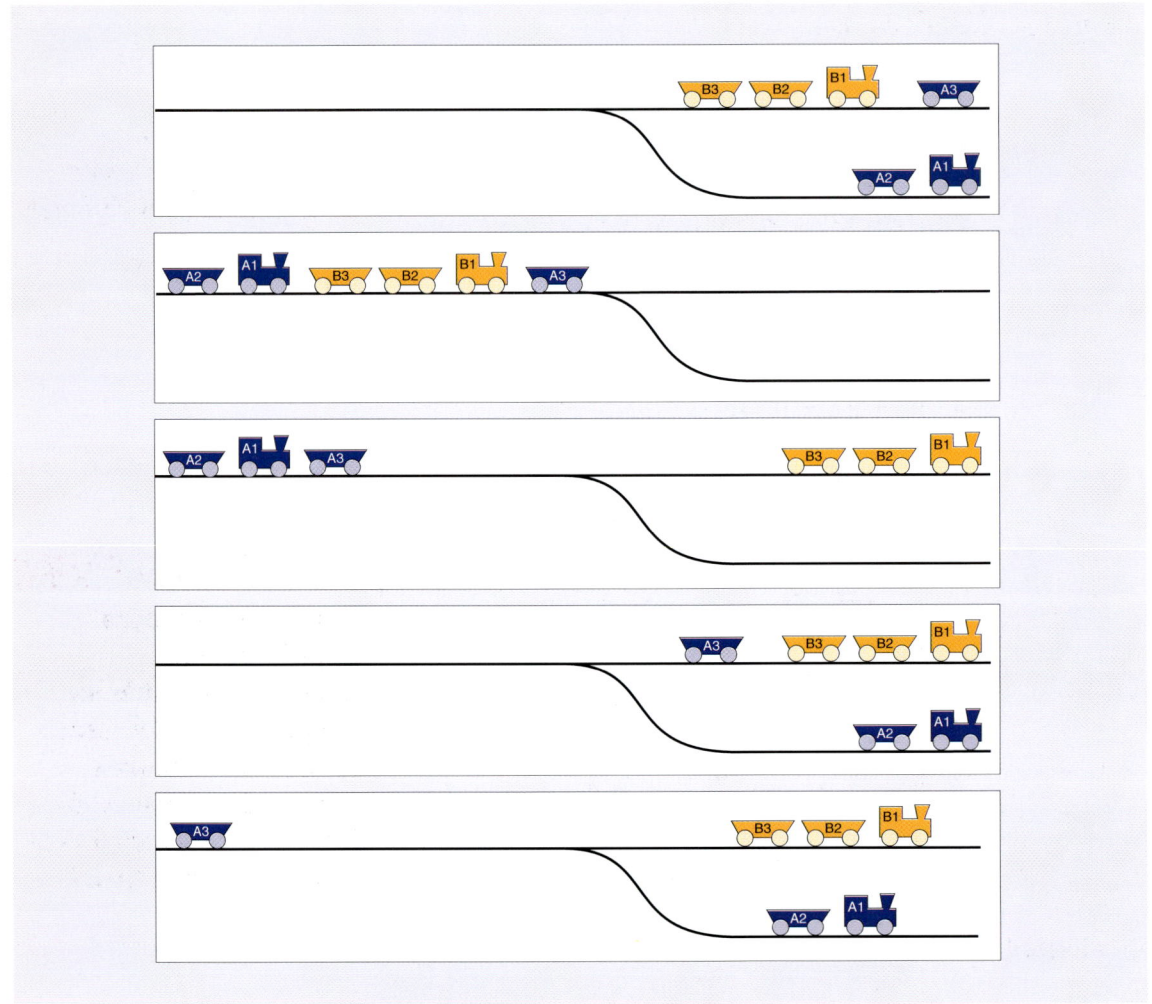

Ein langes Hin und Her

Es geht viel einfacher: Bei einer Geschwindigkeit von 20 km/h und einer Startentfernung von 30 km treffen sich die beiden Radler nach 45 Minuten beim 15-km-Stein.

Da die Taube während der ganzen Zeit mit 30 km/h flog, hat sie inzwischen 30 * 0,75 = 22,5 km zurückgelegt.

Die große Wanderung

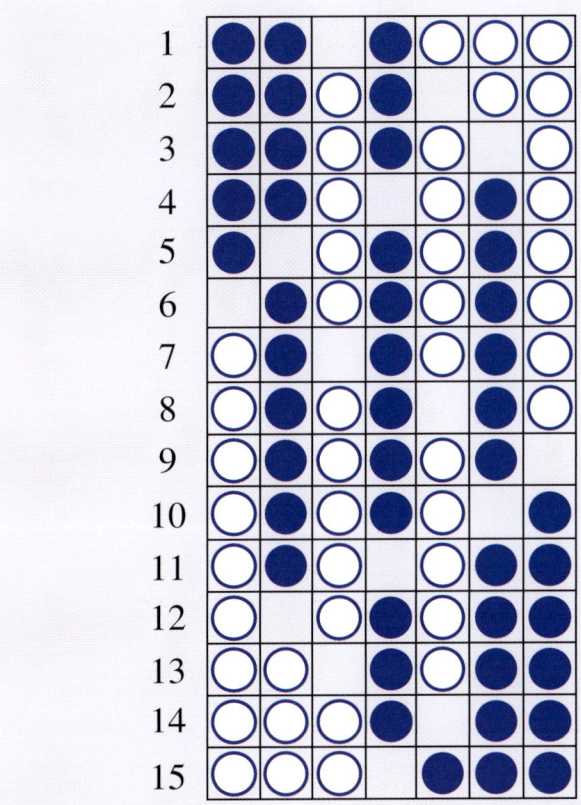

Schon fünf Minuten täglich helfen! Gehirnjogging ist keine langwierige Sache. Schon fünf Minuten täglich bringen Sie wieder auf Trab. Nutzen Sie die Fahr- und Wartezeiten hierzu.

Streichholzspiele

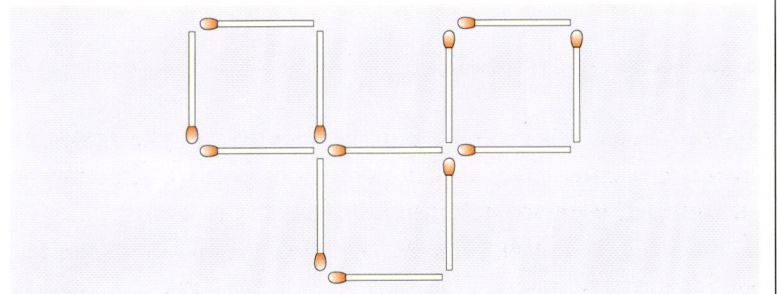

Lösung zweites Spiel

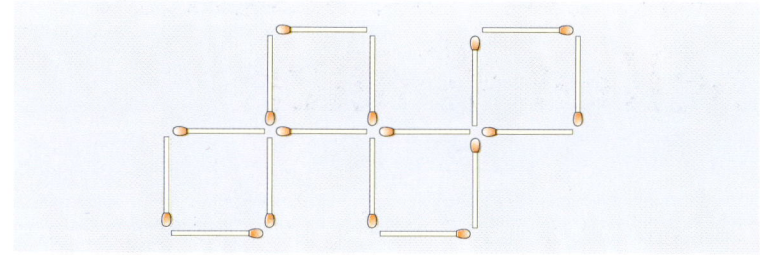

Lösung drittes Spiel

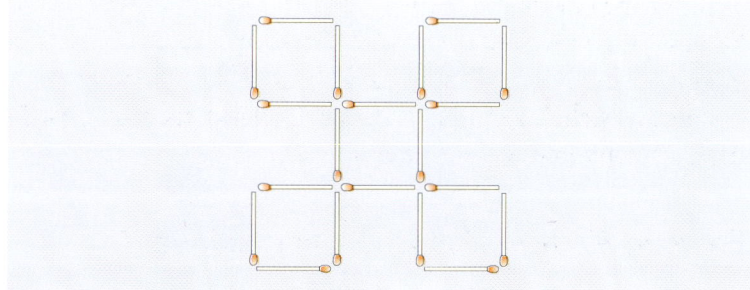

Lösung viertes Spiel

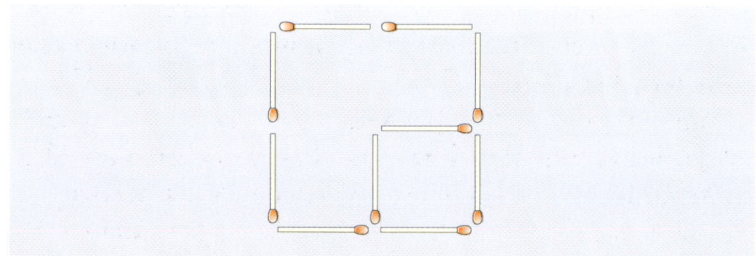

Kurze Entspannungspausen bringen Sie wieder ins Lot. Setzen Sie sich öfter mal bewußt gerade hin, schließen Sie die Augen, und atmen Sie lange und tief durch. Sofort reagiert Ihr Organismus und baut Streß ab.

Acht mal acht ist tausend

888 + 88 + 8 + 8 + 8 = 1000 (untereinander zu schreiben)

Liebelei mit dem Taschenrechner

Die richtige Zahl ist 13738317.

Wie Sie sich selbst helfen können

Der Nutzen eines Ratgebers bemißt sich auch daran, wieviel er Ihnen bringt, wenn Sie ihn aus der Hand gelegt haben. Deswegen soll am Ende dieses Buches noch das Kapitel »Hilfe zur Selbsthilfe« stehen.
Die Frage lautet: Wie setzen Sie die bisher gelesenen Informationen in Ihrem Alltag praktisch um? Die Antwort dazu: Bauen Sie sich Ihren persönlichen Gedächtnistrainer, praktisch, effektiv und völlig kostenlos.

Lesen statt Fernsehen – das beste Gehirntraining!

Erinnern Sie sich noch an die Verknüpfung?

Sicherlich haben Sie im Verlauf der bisherigen Kapitel erkannt, auf welchen Prinzipien Gedächtnistraining basiert. Die Verknüpfung von Neuem mit Altbekanntem ist die »Zauberformel«. Indem Sie neue Daten und Informationen in bereits bestehenden Strukturen und gesichertem Wissen verankern, können Sie das Neue schneller vom Ultrakurzzeitgedächtnis in Ihr Kurz- und Langzeitgedächtnis überführen. Hieraus ergeben sich zahlreiche Möglichkeiten, wie Sie im Alltag Ihre Gedächtnisleistungen steigern können.

Die praktische Anwendung: Verknüpfung von Dingen, die wir nicht vergessen wollen, mit solchen, die wir automatisch tun.

Prinzip der Gedächtnissteigerung
- Suchen Sie eine alltägliche Struktur in Ihrem Leben.
- Legen Sie an markanten Punkten virtuelle Merkzettel ab.
- Gehen Sie die Struktur im Kopf durch.
- Memorieren Sie alle Merkzettel.
- Probieren Sie den Ablauf am nächsten Tag praktisch aus.
- Suchen Sie Verbesserungsmöglichkeiten.

Der Nutzen der Alltagsstrukturen

Alltagsstrukturen – das klingt nun im ersten Moment ziemlich theoretisch. Aber auf den zweiten Blick ist es ganz einfach. Jeden Tag erfüllen Sie regelmäßige Abfolgen in Ihrem Leben. Sie stehen auf, gehen auf die Toilette, ins Bad, putzen die Zähne, waschen sich, kämmen sich. Dann kommt die Rasur, das Make-up, Sie kleiden sich an, frühstücken, holen Post und/oder Zeitung usw. Es macht keinen Unterschied, ob Sie diese oder eine andere Reihenfolge bevorzugen, ob bestimmte Elemente enthalten sind oder nicht. Fest steht: Sie haben ein regelmäßiges Morgenritual. Selbst wenn es ab und zu nicht einzuhalten ist, besteht es doch als Zielabfolge in Ihrem Kopf. Hier können Sie ansetzen.

- Verbinden Sie den Griff zur Zahnbürste mit einem Merkzettel. Das kann zu Beginn gern ein wirklicher Merkzettel, ein gelber Kleber oder eine anders realisierte Notiz sein.
- Im zweiten Schritt ersetzen Sie das reale Memo durch einen gedachten (virtuellen) Merkzettel. Obwohl der Zettel real nicht an der Zahnbürste hängt, wird er trotzdem funktionieren und Sie erinnern.

> **Jeder automatisierte Handgriff, jedes eingespielte Ritual eignet sich dazu, als Gedächtnisstütze umfunktioniert zu werden...**

Nützliche Trampelpfade

Welche Alltagsstrukturen bieten sich für Ihr Gedächtnistraining an? Alle Abfolgen, die Sie mehr oder weniger regelmäßig machen. Suchen Sie nach folgenden Kriterien:

Zeitliche Abfolgen
Das Morgenritual bis zum Verlassen der Wohnung, der Arbeitsablauf (Betreten des Arbeitsraums, Stechuhr, Mittagspause, erneute Stechuhr) und der schulische Stundenplan eignen sich besonders gut. Aber auch bestimmte regelmäßig gehörte Radiosendungen gehen gut, z. B. die Nachrichten oder der Wetterbericht, als Aufhänger für Ihr Memo.

Räumliche Abfolgen

Hier können Sie jeden Ihnen bekannten Weg nehmen, z. B. Ihren Weg zur Arbeit, die Bus- oder Bahnstrecke, den Fahrtweg mit dem Auto (bestimmte Ampeln, Kreuzungen, Abfahrten), ja auch den Weg durch »Ihren« Supermarkt mit Obstabteilung, Tiefkühlregal bis zum Kassenbereich.

Symbolische Abfolgen

Symbolische Abfolgen haben einen besonders hohen Erinnerungswert. Nutzen Sie Ihre kleinen Süchte und Leidenschaften positiv! Sie essen gerne? Magenknurren als Memo. Sie rauchen? Feuerzeug als Erinnerung. Sie sind ein Sportfan? Dann ist das Pokalspiel übermorgen die Erinnerungsboje.

Suchen Sie Ihren individuellen Merkpunkt

Sie lieben es, Treppenstufen oder Gehwegplatten zu zählen? Bei jeder x-ten Stufe: Bingo! Sie arbeiten und spielen gern mit Computern? Nutzen Sie den Startvorgang Ihres »Rechenknechts« als Erinnerungssequenz (»Wenn Programm X geladen wird – Herrn Y anrufen!«).

... genauso wie Vorlieben, Gewohnheiten und sogar kleine Laster.

Lassen Sie sich durch Ihren Computer an wichtige Dinge erinnern. Nicht nur mit Hilfe der Kalenderfunktion, sondern auch, indem Sie tägliche Arbeitsroutinen mit wichtigen Memos verknüpfen.

Wie Sie gute Memos ablegen

Angenommen, Sie haben sich momentan Ihren morgendlichen Weg zur Schule oder Arbeit vorgenommen, und Sie wollen zwölf Merkzettel darauf ablegen. Wo und wie legen Sie nun die Memos sinnvoll ab, damit der Erinnerungswert auch hoch genug ist?

Gegensätze und Übereinstimmungen

Wenn Sie vor dem Rathaus das Memo »Brot einkaufen« ablegen, dann dürfte Ihnen die Erinnerung schwerer fallen, als wenn Sie vor dem Blumenladen den Merkzettel »Blumen für Angela« ablegen. Nun, Sie haben keinen Blumenladen auf Ihrem Weg? Macht nichts.

Nutzen Sie Gegensätze (Oppositionen) und Übereinstimmungen (Äquivalenzen) zwischen dem Objekt und Ihrem Memo. Beispiele:

- Müllplatz – »Reinigung gehen«.
- Rotes Gebäude – »Rote Tulpen mitnehmen«.

Gebrauchen Sie dabei die ganze Bandbreite Ihrer Gefühle: Verbinden Sie mit dem besonders häßlichen Büroklotz die Erinnerung »Frau Schulze anrufen«, wenn Ihnen diese Frau unsympathisch ist. Nehmen Sie Namensgleichheiten oder -ähnlichkeiten als willkommene Eselsbrücke:

- Müller-Brot – »Herrn Müller-Seidel einladen«.
- Opel-Brauer – »Herrn Lauer anrufen«.

Sie erinnern sich an all die Tricks mit Reimen und Alliterationen (Stabreimen)? Dann kann es jetzt ja kunterbunt losgehen in Ihrem Kopf.

Ein Königreich für eine Eselsbrücke! Wenn Sie es schaffen, den Ort, an dem Ihr Memo liegt, auf irgendeine Weise mit seinem Inhalt zu verknüpfen, haben Sie schon gewonnen.

Schnitzeljagd nach Ihren Memos

Jetzt sind all Ihre Memos bestmöglich abgelegt. Schreiben Sie sich nun einen echten Zettel mit den abgelegten Elementen. Am nächsten Tag, wenn Sie den Weg durchlaufen oder -fahren, wird es ernst. Wiederholen Sie ausnahmsweise den Zettel vor Ihrem Start. Okay? Alles im Kopf?

Wenn Sie während des Weges auch »nur« die Hälfte aller Memos wiederfinden, dann dürfen Sie schon zufrieden sein. Beim nächsten Mal sind es dann schon drei Viertel, und so wird es immer besser.

Gehen Sie im Kopf los

Sie müssen jedoch gar nicht immer real diesen Weg gehen, wenn Sie Ihre Memos wiederfinden wollen. Stellen Sie sich vor, wie Sie den Weg gehen: erst Ihre Wohnungstür, die Straße, der Bus oder das Fahrrad. Aha: Da war doch dieses Memo, dort jenes!

Je mehr Sie diesen virtuellen Spaziergängen frönen, um so mehr werden Sie deren Ähnlichkeit mit Fantasiewelten erkennen, mit den alten Märchen Ihrer Kinderzeit, mit Ihren Träumen, den angenehmen wie auch den Alpträumen.

Verändern Sie Ihre Welt!

Die Welt wird sich in Ihrem Kopf verändern: Aus dem Bismarckplatz wird der Heringsplatz (Bismarckhering), der Heringshafen oder die Heringssee. Auf diesem Meer können Sie jetzt Plattformen für alle möglichen Memos verankern, Bojen setzen, Schiff- und U-Bootfahrten unternehmen. Es ist IHR ureigenstes Meer! Sie bestimmen, daß aus dem Bismarckdenkmal ein Leuchtturm wird, der Sie an die fehlenden Glühbirnen erinnert. Aus dem passiven Sich-Erinnern oder Erinnert-Werden gelangen Sie zum aktiven Erinnern.

Besonders wirksam: Leistungen des motorischen Gedächtnisses werden so gut wie nie mehr vergessen. Fahrrad fahren, Schwimmen, Klavier spielen oder Schnürsenkel binden können Sie ein Leben lang, wenn Sie es einmal gelernt haben. Versuchen Sie deswegen, für Sie wichtige Lerninhalte mit motorischen Abläufen zu verbinden.

Vielfältige Anwendungen

Fremdsprachen lernen

Mit dieser Mnemotechnik können Sie nicht nur alltägliche Notwendigkeiten erinnern, sondern auch zahlreiche Anwendungen verknüpfen. Angenommen, Sie wollen eine Fremdsprache für Ihren nächsten Urlaub lernen. Wählen Sie ein Dutzend Begriffe oder Ausdrücke und legen Sie diese auf Ihrem Weg mnemotypisch ab: Türklinke – door handle, Hochhaus – skyscraper, Autobahn – freeway, Ausfahrt – exit, Kreuzung – crossing (Xing) usw.

So können Sie beim Erlernen einer Fremdsprache viel Mühe und Zeit sparen. Sie lernen effektiver und trainieren nebenbei auch noch Ihr Gehirn.

Rechnen Sie sich heiß

Es versteht sich nun von selbst, daß diese Technik auch für Rechenaufgaben (Kopfrechnen) geht. Probieren Sie doch mal unterwegs, Temperaturangaben von Grad Celsius in Grad Fahrenheit umzurechnen. Die Formel lautet:
Grad Celsius * 9/5 +32 = Grad Fahrenheit.

Beispiel: 16 °C * 9 = 144. 144/5 = 28,8. 28,8 +32 = 60,8 °F. (Damit haben Sie zugleich eine praktische Eselsbrücke für die Umrechnung: 16 °C sind etwa 61 °F; einfach die Ziffern vertauschen.) Diese Kenntnis wird sich bei Ihrem nächsten USA-Urlaub positiv auswirken, denn dann wissen Sie im Handumdrehen, daß »temperature in the eighties« Sommertemperaturen ab 27 °C bedeuten.

Ein Tip am Rande: Wenn Sie Fahrenheit in Celsius umrechnen wollen, kommen Sie mit folgender Formel zum Ziel:
Grad Fahrenheit –32 * 5/9 = Grad Celsius.

Reklame raten! Raten Sie mit Ihrem Partner um die Wette. Wer bei Werbespots zuerst die Marke oder Firma nennt, bekommt einen Punkt. (Natürlich nur bis zur ersten Nennung des Markennamens im Spot.) Wer die meisten Punkte hat, bekommt eine Einladung in die Eisdiele.

Vergeßlich,
aber glücklich

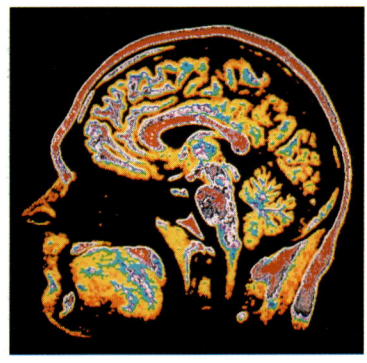

Auch das Vergessen ist wichtig.

Gesundes Vergessen

Es gibt Menschen mit ausgezeichnetem Gedächtnis: Sie vergessen (fast) nichts, Ihnen fallen die wichtigen Geburtstage und Hochzeitstage immer rechtzeitig ein, sie stehen nicht verzweifelt vor dem Geldautomaten, sie tippen ihre Telefonnummer sicher und schnell.

Falls auch Sie nicht zu dieser glücklichen Sorte von Menschen zählen: Ärgern Sie sich nicht! Zwei wichtige Dinge sollten Sie sich hierzu bewußt machen:

Ein gutes Gedächtnis ist keine Frage des Alters. Wer sich geistig und körperlich fit hält, sich ausgewogen ernährt und Risikofaktoren reduziert, hat beste Chancen auf ein erfülltes Leben im Alter.

93

Vergessen kann nützlich sein

Vergessen und Verdrängen gehören fundamental zur menschlichen Gesundheit. Nicht nur Unglücke, Katastrophen und unangenehme Erlebnisse müssen psychisch verarbeitet und unverarbeitete Reste verdrängt werden, sondern viel »Datenmüll« muß psychisch »entsorgt« werden. Wenn Sie sich bestimmte Daten überhaupt nicht merken können, sollten Sie sich einmal ehrlich fragen: »Will ich mir diese Dinge überhaupt merken?« Vielleicht haben Sie gute (bewußte oder unbewußte) Gründe, um sich gerade diese Informationen nicht zu merken. Sei es, daß diese Dinge mit negativen Gefühlen bei Ihnen verknüpft sind, sei es, daß sie einfach völlig unwichtig sind.

Immer mit der Ruhe!

Seien Sie geduldig und nachsichtig mit sich. Sie sollten sich immer und jederzeit eine Fehlerquote von 20 Prozent zubilligen, ohne daß Sie an Ihren Sinnen zweifeln. Trainieren Sie Ihr Gedächtnis so viel und so lang es Ihnen Spaß macht. Zwingen Sie sich aber nicht! Sie werden nicht automatisch glücklich und erfolgreich, wenn Sie nun weltmeisterlich Telefonnummern hersagen können.

Persönlicher Erfolg kommt aus innerer Sicherheit. Es stärkt Ihr Selbstbewußtsein weitaus mehr, wenn Sie wissen, wie Sie Ihr Gedächtnis jederzeit stärken können, als daß Sie als Datenspeicher herumlaufen.

Wenn Sie etwas vergessen haben, dann kann das größere oder kleinere Folgen haben. Meist hat es kleinere, also: Schwamm drüber! Sie wissen, daß Sie die Fähigkeit haben und den Weg kennen, wie Sie Ihr Gedächtnis steigern. Und wenn Sie Lust daran finden, dann trainieren Sie auch.

Also alles kein Problem: Sie entscheiden selbst über sich und Ihr Glück.

Bleiben Sie gelassen! Ein Rest Vergeßlichkeit ist einfach unvermeidlich, ja notwendig. Ihr Gehirn muß haushalten, um mit der Datenmenge fertig zu werden, allzu Unangenehmes muß verdrängt werden.

Über den Autor

Dr. Jörg B. Theilacker ist Autor und Redakteur in München. Informationstechnik und Musik sind seine Spezialgebiete, sein Hobby ist das Gedächtnistraining. Seit Jahren beschäftigt er sich mit der lexikalischen Aufbereitung von Informationen.

Literatur

Minninger, Joan: Gutes Gedächtnis – Das Erfolgsgeheimnis. Humboldt Verlag. München 1990

Oberbeil, Klaus: Fit durch Mineralien und Spurenelemente. Südwest Verlag. München 1995

Oberbeil, Klaus: Neugeboren durch Biostoffe. Südwest Verlag. München 1994

Oppolzer, Ursula: Verflixt, das darf ich nicht vergessen. Humboldt Verlag. München 1994

Schmidsberger, S./Schmidsberger, P.: Fitneß fürs Gehirn. Südwest Verlag. München 1993

Vester, Frederic: Denken, Lernen, Vergessen. Deutscher Taschenbuch Verlag. München 1978

Hinweis

Das vorliegende Buch ist sorgfältig erarbeitet worden. Dennoch erfolgen alle Angaben ohne Gewähr. Weder Autor noch Verlag können für eventuelle Nachteile oder Schäden, die aus den im Buch gemachten praktischen Hinweisen resultieren, eine Haftung übernehmen.

Bildnachweis

AKG, Berlin: 6, 69; Das Fotoarchiv, Essen: 1 (Andreas Riedmiller), 24 (Dirk Eisermann), 35 (Henning Christoph), 87 (Richard Howard), 93 (Bob Krist); IFA-Bilderteam, München: 5 (Chris), 26 (Weststock), 46 (Diaf), 78 (Fritz), 89 (UPA); Alfred Pasieka, Hilden: Titelbild (U1), 9, 23; Superbild, Grünwald: U4 (Reso); Tony Stone, München: 66 (Dennis O'Clair), 81 (Nick Dolding), 93 (Roger Tully)

Impressum

© 1995 Südwest Verlag GmbH & Co. KG, München
Alle Rechte vorbehalten
3. Auflage 1996

Nachdruck – auch auszugsweise – nur mit Genehmigung des Verlages

Lektorat:
Dr. Alex Klubertanz
Medizinische Fachberatung:
Dr. med. Christiane Lentz
Redaktionsleitung:
Josef K. Pöllath
Bildredaktion:
Bettina Huber
Illustrationen:
Bettina Kammerer
Produktion:
Manfred Metzger
Umschlag/DTP/Satz:
Wolfgang Lehner
Druck:
Color-Offset, München
Bindung:
R. Oldenbourg, München
Printed in Germany

Gedruckt auf chlor- und säurearmem Papier
ISBN 3-517-01522-9

Register